AÇÃO CULTURAL

AÇÃO CULTURAL PARA A LIBERDADE E OUTROS ESCRITOS

Paulo Freire

19ª edição

Paz & Terra
Rio de Janeiro
2022

Editora Paz e Terra Ltda.
Rua Argentina, 171, 3º andar – São Cristóvão
Rio de Janeiro, RJ – 20921-380
www.record.com.br

Texto revisado segundo novo Acordo Ortográfico da Língua Portuguesa.

CIP-BRASIL. CATALOGAÇÃO NA FONTE
SINDICATO NACIONAL DOS EDITORES DE LIVROS, RJ

Freire, Paulo, 1921-1997
19ª ed. Ação cultural para a liberdade e outros escritos/Paulo Freire. 19ª ed. — Rio de Janeiro
Paz e Terra, 2022.

ISBN 978-85-7753-424-1

1. Alfabetizaçço 2. Educação 3. Educação de adultos 4. Educação — Aspectos políticos 5. Educação — Aspectos socioculturais 6. Pedagogia crítica I. Título.

11-0397 CDD-370.1

Índices para catálogo sistemático:
1. Freire, Paulo: Pedagogia: Ação cultural:
Educação 370.1

Impresso no Brasil
2022

Sumário

Breve explicação 07

Considerações em torno do ato de estudar 09

A alfabetização de adultos: crítica de sua visão ingênua, compreensão de sua visão crítica 15

Os camponeses e seus textos de leitura 33

Ação cultural e reforma agrária 45

O papel do trabalhador social no processo de mudança 55

Ação cultural para a libertação 63

Parte I 65

O processo de alfabetização de adultos como ação cultural para a libertação 67

Parte 2 105

Ação cultural e conscientização 107

O processo de alfabetização política: uma introdução 141

Algumas notas sobre humanização e suas implicações pedagógicas 157

O papel educativo das Igrejas na América Latina 173

Prefácio à edição argentina de *A Black Theology of Liberation*, de James Cone 211

Conscientização e libertação: uma conversa com Paulo Freire 217

Algumas notas sobre conscientização 241

Breve explicação

Depois de um longo período de hesitação, resolvi, afinal, juntar neste volume alguns dos textos que escrevi entre 1968 e 1974. Textos entre os quais somente uns poucos têm sido mais amplamente divulgados, sobretudo em inglês e espanhol.

Tendo sido, com raras exceções, preparados para seminários, a intenção básica ao redigi-los era a de provocar uma discussão em cujo processo se aprofundasse a análise de alguns de seus aspectos principais.

Juntamente com *Extensão ou comunicação?*, publicado no Brasil em 1970 pela Paz e Terra, alguns deles talvez aclarem certos possíveis vazios entre *Educação como prática da liberdade* e *Pedagogia do oprimido*.

Pretendendo preservá-los como os escrevi, não me furtei, contudo, a alterar um ou outro, na forma como no conteúdo.

Espero, finalmente, que o fato de estar constantemente voltando a certos núcleos temáticos, não só em trabalhos diferentes, mas também num mesmo texto, não chegue a cansar demasiado o leitor. Esta é, em última análise, a minha maneira de escrever sobre o que penso e de pensar sobre o que faço.

Paulo Freire
Genebra
Outono de 1975

Paulo Coelho

CONSIDERAÇÕES EM TORNO DO ATO DE ESTUDAR[1]

TODA BIBLIOGRAFIA DEVE REFLETIR uma intenção fundamental de quem a elabora: a de atender ou a de despertar o desejo de aprofundar conhecimentos naqueles ou naquelas a quem é proposta. Se falta, nos que a recebem, o ânimo de usá-la, ou se a bibliografia, em si mesma, não é capaz de desafiá-los, se frustra, então, a intenção fundamental referida.

A bibliografia se torna um papel inútil, entre outros, perdido nas gavetas das escrivaninhas.

Esta intenção fundamental de quem faz a bibliografia lhe exige um triplo respeito: a quem ela se dirige, aos autores citados e a si mesmos. Uma relação bibliográfica não pode ser uma simples cópia de títulos, feita ao acaso ou por ouvir dizer. Quem a sugere deve saber o que está sugerindo e por que o faz. Quem a recebe, por sua vez, deve ter nela, não uma prescrição dogmática de leituras, mas um desafio. Desafio que se fará mais concreto na medida em que comece a estudar os livros citados e não a lê-los por alto, como se os folheasse apenas.

Estudar é, realmente, um trabalho difícil. Exige de quem o faz uma postura crítica, sistemática. Exige uma disciplina intelectual que não se ganha a não ser praticando-a.

---

[1] Escrito em 1968, no Chile, este texto serviu de introdução à relação bibliográfica que foi proposta aos participantes de um seminário nacional sobre educação e reforma agrária.

Isto é, precisamente, o que a "educação bancária"[2] não estimula. Pelo contrário, sua tônica reside fundamentalmente em matar nos educandos a curiosidade, o espírito investigador, a criatividade. Sua "disciplina" é a disciplina para a ingenuidade em face do texto, não para a indispensável criticidade.

Este procedimento ingênuo ao qual o educando é submetido, ao lado de outros fatores, pode explicar as fugas ao texto, que fazem os estudantes, cuja leitura se torna puramente mecânica enquanto, pela imaginação, se deslocam para outras situações. O que se lhes pede, afinal, não é a compreensão do conteúdo, mas sua memorização. Em lugar de ser o texto e sua compreensão, o desafio passa a ser a memorização do mesmo. Se o estudante consegue fazê-lo, terá respondido ao desafio.

Numa visão crítica, as coisas se passam diferentemente. O que estuda se sente desafiado pelo texto em sua totalidade e seu objetivo é apropriar-se de sua significação profunda.

Esta postura crítica, fundamental, indispensável ao ato de estudar, requer de quem a ele se dedica:

a) Que assuma o papel de sujeito deste ato.

Isto significa que é impossível um estudo sério se o que estuda se põe em face do texto como se estivesse magnetizado pela palavra do autor, à qual emprestasse uma força mágica. Se se comporta passivamente, "domesticadamente", procurando apenas memorizar as afirmações do autor.

[2] Sobre "educação bancária", cf. Paulo Freire, *Pedagogia do oprimido*. Rio de Janeiro: Paz e Terra, 1974, 1ª edição. [N.E.]

Se se deixa "invadir" pelo que afirma o autor. Se se transforma numa "vasilha" que deve ser enchida pelos conteúdos que ele retira do texto para pôr dentro de si mesmo.

Estudar seriamente um texto é estudar o estudo de quem, estudando, o escreveu. É perceber o condicionamento histórico-sociológico do conhecimento. É buscar as relações entre o conteúdo em estudo e outras dimensões afins do conhecimento. Estudar é uma forma de reinventar, de recriar, de reescrever — tarefa de sujeito e não de objeto. Desta maneira, não é possível a quem estuda, numa tal perspectiva, alienar-se ao texto, renunciando assim sua atitude crítica em face dele.

A atitude crítica no estudo é a mesma que deve ser tomada diante do mundo, da realidade, da existência. Uma atitude de adentramento com a qual se vá alcançando a razão de ser dos fatos cada vez mais lucidamente.

Um texto estará tão mais bem estudado quanto, na medida em que dele se tenha uma visão global, a ele se volte, delimitando suas dimensões parciais. O retorno ao livro para esta delimitação aclara a significação de sua globalidade.

Ao exercitar o ato de delimitar os núcleos centrais do texto que, em interação, constituem sua unidade, o leitor crítico irá surpreendendo todo um conjunto temático, nem sempre explicitado no índice da obra. A demarcação destes temas deve atender também ao quadro referencial de interesse do sujeito leitor.

Assim é que, diante de um livro, este sujeito leitor pode ser despertado por um trecho que lhe provoca uma série de reflexões em torno de uma temática que o preocupa e que não é necessariamente a de que trata o livro em apreço. Suspeitada a possível relação entre o trecho lido e sua preocupação, é o caso, então, de fixar-se na análise do texto, buscando o nexo entre seu conteúdo e o objeto de estudo sobre que se encontra trabalhando. Impõe-se-lhe uma exigência: analisar o conteúdo do trecho em questão, em sua relação com os precedentes e com os que a ele se seguem, evitando, assim, trair o pensamento do autor em sua totalidade.

Constatada a relação entre o trecho em estudo e sua preocupação, deve separá-lo de seu conjunto, transcrevendo-o em uma ficha com um título que o identifique com o objeto específico de seu estudo. Nestas circunstâncias, ora pode deter-se, imediatamente, em reflexões a propósito das possibilidades que o trecho lhe oferece, ora pode seguir a leitura geral do texto, fixando outros trechos que lhe possam aportar novas meditações.

Em última análise, o estudo sério de um livro como de um artigo de revista implica não somente uma penetração crítica em seu conteúdo básico, mas também numa sensibilidade aguda, numa permanente inquietação intelectual, num estado de predisposição à busca.

b) Que o ato de estudar, no fundo, é uma atitude em frente ao mundo.

Esta é a razão pela qual o ato de estudar não se reduz à relação leitor-livro, ou leitor-texto.

Os livros em verdade refletem o enfrentamento de seus autores com o mundo. Expressam esse enfrentamento. E ainda quando os autores fujam da realidade concreta, estarão expressando a sua maneira deformada de enfrentá-la. Estudar é também, e sobretudo, pensar a prática, e pensar a prática é a melhor maneira de pensar certo. Desta forma, quem estuda não deve perder nenhuma oportunidade, em suas relações com os outros, com a realidade, de assumir uma postura curiosa. A de quem pergunta, a de quem indaga, a de quem busca.

O exercício desta postura curiosa termina por torná-la ágil, do que resulta um aproveitamento maior da curiosidade mesma.

Assim é que se impõe o registro constante das observações realizadas durante uma certa prática; durante as simples conversações. O registro das ideias que se têm e pelas quais se é "assaltado", não raras vezes, quando se caminha só por uma rua. Registros que passam a constituir o que Wright Mills chama de "fichas de ideias".[3]

Essas ideias e essas observações, devidamente fichadas, passam a constituir desafios que devem ser respondidos por quem as registra.

Quase sempre, ao se transformarem na incidência da reflexão dos que as anotam, estas ideias os remetem a leituras de textos com que podem instrumentar-se para seguir em sua reflexão.

c) QUE O ESTUDO DE UM TEMA ESPECÍFICO EXIGE DO ESTUDANTE QUE SE PONHA, TANTO QUANTO POSSÍVEL, A PAR DA BIBLIOGRAFIA QUE SE REFERE AO TEMA OU AO OBJETO DE SUA INQUIETUDE.

[3] Wright Mills, *The Sociological Imagination*. Oxford: Oxford University Press, 1959.

d) Que o ato de estudar é assumir uma relação de diálogo com o autor do texto, cuja mediação se encontra nos temas de que ele trata. Esta relação dialógica implica a percepção do condicionamento histórico-sociológico e ideológico do autor, nem sempre o mesmo do leitor.

e) Que o ato de estudar demanda humildade.

Se o que estuda assume realmente uma posição humilde, coerente com a atitude crítica, não se sente diminuído se encontra dificuldades, às vezes grandes, para penetrar na significação mais profunda do texto. Humilde e crítico, sabe que o texto, na razão mesma em que é um desafio, pode estar mais além de sua capacidade de resposta. Nem sempre o texto se dá facilmente ao leitor.

Neste caso, o que deve fazer é reconhecer a necessidade de melhor instrumentar-se para voltar ao texto em condições de entendê-lo. Não adianta passar a página de um livro se sua compreensão não foi alcançada. Impõe-se, pelo contrário, a insistência na busca de seu desvelamento. A compreensão de um texto não é algo que se recebe de presente. Exige trabalho paciente de quem por ele se sente problematizado.

Não se mede o estudo pelo número de páginas lidas numa noite ou pela quantidade de livros lidos num semestre.

Estudar não é um ato de consumir ideias, mas de criá-las e recriá-las.

A alfabetização de adultos: crítica de sua visão ingênua, compreensão de sua visão crítica

A concepção, na melhor das hipóteses, ingênua[4] do analfabetismo o encara ora como uma "erva daninha" — daí a expressão corrente: "erradicação do analfabetismo" —, ora como uma "enfermidade" que passa de um a outro, quase por contágio, ora como uma "chaga" deprimente a ser "curada" e cujos índices, estampados nas estatísticas de organismos internacionais, dizem mal dos níveis de "civilização" de certas sociedades. Mais ainda, o analfabetismo aparece também, nesta visão ingênua ou astuta, como a manifestação da "incapacidade" do povo de sua "pouca inteligência", de sua "proverbial preguiça".

Limitada na compreensão do problema, cuja complexidade não capta ou esconde, suas respostas a ele são de caráter mecanicista.

A alfabetização, assim, se reduz ao ato mecânico de "depositar" palavras, sílabas e letras nos alfabetizandos. Este "depósito" é suficiente para que os alfabetizandos co-

[4] Quando digo "concepção, na melhor das hipóteses, ingênua", é porque muitos dos que poderiam ser considerados ingênuos, ao expressá-la, são, na verdade, astutos. Sabem muito bem o que fazem e aonde querem ir quando, em campanhas de alfabetização, "alimentam" os alfabetizandos de "slogans" alienadores, em nome, ainda, da neutralidade da educação. Objetivamente, porém, se identificam ambos — ingênuos e astutos.

mecem a "afirmar-se", uma vez que, em tal visão, se empresta à palavra um sentido mágico.

Escrita e lida, a palavra é como se fosse um amuleto, algo justaposto ao homem que não a *diz*, mas simplesmente a repete. Palavra quase sempre sem relação com o mundo e com as coisas que nomeia.

Daí que, para esta concepção distorcida da palavra, a alfabetização se transforme em um ato pelo qual o chamado alfabetizador vai "enchendo" o alfabetizando com suas palavras. A significação mágica emprestada à palavra se alonga noutra ingenuidade: a do messianismo. O analfabeto é um "homem perdido". É preciso, então, "salvá-lo" e sua "salvação" está em que consinta em ir sendo "enchido" por estas palavras, meros sons milagrosos, que lhe são presenteadas ou impostas pelo alfabetizador que, às vezes, é um agente inconsciente dos responsáveis pela política da campanha.

As cartilhas, por boas que sejam, do ponto de vista metodológico ou sociológico, não podem escapar, porém, à uma espécie de "pecado original", enquanto são o instrumento através do qual se vão "depositando" as palavras do educador, como também seus textos, nos alfabetizandos. E por limitar-lhes o poder de expressão, de criatividade, são instrumentos domesticadores.

De modo geral, elaboradas de acordo com a concepção mecanicista e mágico-messiânica da "palavra depósito", da "palavra som", seu objetivo máximo é realmente fazer uma espécie de "transfusão" na qual a palavra do educador é o "sangue salvador" do "analfabeto enfermo". E ainda quando as palavras das cartilhas, os textos com elas elaborados

— e isso raras vezes ocorre — coincidem com a realidade existencial dos alfabetizandos, de qualquer maneira, são palavras e textos presenteados, como clichês, e não criados por aqueles que deveriam fazê-lo.[5]

Em geral, porém, tanto as palavras quanto os textos das cartilhas nada têm que ver com a experiência existencial dos alfabetizandos. E quando o têm, se esgota esta relação ao ser expressada de maneira paternalista, do que resulta serem tratados os adultos de uma forma que não ousamos sequer chamar de infantil.

Esse modo de tratar os adultos analfabetos implicita uma deformada maneira de vê-los — como se eles fossem totalmente diferentes dos demais. Não se lhes reconhece a experiência existencial bem como o acúmulo de conhecimentos que esta experiência lhes deu e continua dando.

Como seres passivos e dóceis, pois que assim são vistos e assim são tratados, os alfabetizandos devem ir recebendo aquela "transfusão" alienante da qual, por isso mesmo, não pode resultar em nenhuma contribuição ao processo de transformação da realidade.

Que significação pode ter para alguém um texto que, além de colocar uma questão absurda, dá uma resposta não menos absurda: "Ada deu o dedo ao urubu? Duvido, responde o autor da pergunta, Ada deu o dedo à ave!"

---

[5] Pequenos textos de leitura podem e devem ser elaborados pelos educadores, desde que I) correspondam à realidade concreta dos alfabetizandos; II) sejam usados não na forma tradicional das chamadas "classes de leitura", mas em verdadeiros seminários de textos; III) funcionem como elementos motivadores aos alfabetizandos para que comecem eles mesmos a redigir também seus textos.

Em primeiro lugar, não sabemos da existência de nenhum lugar no mundo em que alguém convide o urubu a pousar em seu dedo. Em segundo lugar, ao responder o autor à sua estranha pergunta, duvidando de que Ada tivesse dado seu dedo ao urubu, pois que o deu à ave, afirma que urubu não é ave.

Que significação, na verdade, podem ter, para homens e mulheres, camponeses ou urbanos, que passam um dia duro de trabalho ou, mais duro ainda, sem trabalho, textos como esses, que devem ser memorizados: "A asa é da ave"; "Eva viu a uva"; "João já sabe ler. Vejam a alegria em sua face. João agora vai conseguir um emprego!"

Textos, de modo geral, ilustrados — casinhas simpáticas, acolhedoras, bem decoradas; casais risonhos, de faces delicadas, às vezes ou quase sempre brancos e louros; crianças bem nutridas, bolsinha a tiracolo, dizendo adeus aos papais para ir à escola, depois de um suculento café da manhã...

Que podem um trabalhador camponês ou um trabalhador urbano retirar de positivo para seu quefazer no mundo, para compreender, criticamente, a situação concreta de opressão em que se acham, através de um trabalho de alfabetização em que se lhes diz, adocicadamente, que a "asa é da ave" ou que "Eva viu a uva"?

Reforçando o "silêncio" em que se acham as massas populares dominadas pela prescrição de uma palavra veiculadora de uma ideologia da acomodação, não pode jamais um tal trabalho constituir-se como um instrumento auxiliar da transformação da realidade.

Mas, por outro lado, na medida em que, em si mesma, esta alfabetização não tem a força necessária para concretizar pelo menos algumas das ilusões que veicula, como por exemplo a de que o "analfabeto que aprende a ler consegue um emprego", cedo ou tarde termina por funcionar contra os objetivos amaciadores do próprio sistema, cuja ideologia ela reproduz.

Na proporção em que os ex-analfabetos, que foram "treinados" na leitura de textos sem a análise de sua vinculação com o contexto social, já agora lendo, mesmo mecanicamente, procuram o emprego ou o melhor emprego e não os encontram, percebem a falácia daquela afirmação irresponsável.

O feitiço, então, mais uma vez, cai sobre o feiticeiro...

Para a concepção crítica, o analfabetismo nem é uma "chaga", nem uma "erva daninha" a ser erradicada, nem tampouco uma enfermidade, mas uma das expressões concretas de uma realidade social injusta. Não é um problema estritamente linguístico nem exclusivamente pedagógico, metodológico, mas político, como a alfabetização por meio da qual se pretende superá-lo. Proclamar sua neutralidade, ingênua ou astutamente, não afeta em nada a sua politicidade intrínseca.

Por esta razão é que, para a concepção crítica da alfabetização, não será a partir da mera repetição mecânica de pa-pe-pi-po-pu, la-le-li-lo-lu, que permitem formar *pula*, *pelo*, *lá*, *li*, *pulo*, *lapa*, *lapela*, *pílula* etc., que se desenvolverá nos alfabetizandos a consciência de seus direitos e sua inserção crítica na realidade. Pelo contrário, a alfabetização nesta perspectiva, que não pode ser a das classes dominantes, se instaura como um processo de busca, de criação, em que os alfabetizandos são desafiados a perceber a significação profunda da linguagem e da palavra. Palavra que, na situação concreta em que se encontram, lhes está sendo negada. No fundo, negar a palavra implica algo mais. Implica negar o direito de "pronunciar o mundo".[6] Por isto, "dizer a palavra" não é repetir uma palavra qualquer. Nisto consiste um dos sofismas da prática reacionária da alfabetização.

O aprendizado da leitura e da escrita não pode ser feito como algo paralelo ou quase paralelo à realidade concreta dos alfabetizandos. Aquele aprendizado, por isso mesmo, demanda a compreensão da significação profunda da palavra, a que antes fizemos referência.

Mais que escrever e ler que a "asa é da ave", os alfabetizandos necessitam perceber a necessidade de um outro aprendizado: o de "escrever" a sua vida, o de "ler" a sua realidade, o que não será possível se não tomam a história nas mãos para, fazendo-a, por ela serem feitos e refeitos.

Daí que, nesta perspectiva crítica, se faça tão importante desenvolver, nos educandos como no educador, um pensar certo sobre a realidade. E isto não se faz por meio de blá-blá-blá, mas do respeito à unidade entre prática e teoria.

É necessário, realmente, libertar a teoria do equívoco de que é comumente vítima, não apenas na América Latina, segundo o qual é identificada com verbalismo, com blá-blá-blá, com perda de tempo.

---

[6] A este propósito, cf. Ernani Maria Fiori, prefácio a *Pedagogia do oprimido*. E, no mesmo livro, também o texto de Paulo Freire. [N.E.]

Isto é o que explica expressões tão repetidas entre nós, como: "Se a educação latino-americana não fosse teórica, mas prática, outros seriam seus resultados", ou "é necessário diminuir as classes teóricas". Explica também a divisão que se faz entre homens e mulheres teóricos e práticos, tomando-se aqueles e aquelas à margem da ação, enquanto os segundos a realizam. A separação, contudo, deveria ser feita entre teóricos e verbalistas. Neste caso, os primeiros seriam necessariamente práticos também.

O que se deve opor à prática não é a teoria, de que é inseparável, mas o blá-blá-blá ou o falso pensar.

Assim como não é possível identificar teoria com verbalismo, tampouco o é identificar prática com ativismo. Ao verbalismo falta a ação; ao ativismo, a reflexão crítica sobre a ação.

Não é estranho, portanto, que os verbalistas se isolem em suas torres de marfim e considerem desprezíveis os que se dão à ação, enquanto os ativistas considerem os que pensam sobre a ação e para ela "intelectuais nocivos", "teóricos" e "filósofos" que nada fazem senão obstaculizar sua atividade.

Para mim, que me situo entre os que não aceitam a separação impossível entre prática e teoria, toda prática educativa implica uma teoria educativa.

Por isso é que, ao falar agora de antagônicas concepções da alfabetização de adultos, não poderei deixar de, simultaneamente, fazer referência a aspectos de suas respectivas práticas.

A fundamentação teórica da minha prática, por exemplo, se explica ao mesmo tempo nela, não como algo acabado, mas como um movimento dinâmico em que ambas, prática e teoria, se fazem e se refazem.

Desta forma, muita coisa que hoje ainda me parece válida, não só na prática realizada e realizando-se, mas na interpretação teórica que fiz dela, poderá vir a ser superada amanhã, não só por mim, mas por outros.

A condição fundamental para isso, quanto a mim, é que esteja, de um lado, constantemente aberto às críticas que me façam; de outro, que seja capaz de manter sempre viva a curiosidade, disposto sempre a retificar-me, em função dos próprios achados de minhas futuras práticas e da prática dos demais.

Quanto aos outros, os que põem em prática a minha prática, que se esforcem por recriá-la, repensando também meu pensamento. E ao fazê-lo, que tenham em mente que nenhuma prática educativa se dá no ar, mas num contexto concreto, histórico, social, cultural, econômico, político, não necessariamente idêntico a outro contexto.

A compreensão crítica de minha prática no Brasil, até março de 1964, por exemplo, exige a compreensão daquele contexto. Minha prática, enquanto social, não me pertencia. Daí que não seja possível entender a prática que tive, em toda a sua extensão, sem a inteligência do clima histórico em que se deu.

Este esforço, que se exige de mim e dos demais, salienta, mais uma vez, a unidade da prática e da teoria.

Mas a compreensão da unidade da prática e da teoria, no domínio da educação, demanda a compreensão, também, da unidade entre a teoria e a prática social que se dá numa sociedade. Assim, a teoria que deve informar a prática geral das classes dominantes, de que a educativa é uma dimensão, não pode ser a mesma que deve dar suporte às reivindicações das classes dominadas, na sua prática.

Daí a impossibilidade de neutralidade da prática educativa como da teoria que a ela corresponde.

Uma coisa, pois, é a unidade entre prática e teoria numa educação orientada no sentido da libertação, outra é a mesma unidade numa forma de educação para a "domesticação".

As classes dominantes não têm por que temer, por exemplo, a unidade da prática e da teoria, na capacitação — para falar só nesta — da chamada mão de obra qualificada, desde, porém, que nessa unidade, a teoria de que se fale seja a "teoria neutra" de uma "técnica também neutra".

A alfabetização de adultos não pode escapar a essa alternativa.

A primeira exigência prática que a concepção crítica da alfabetização se impõe é que as palavras geradoras, com as quais os alfabetizandos começam sua alfabetização como sujeitos do processo, sejam buscadas em seu "universo vocabular mínimo", que envolve sua temática significativa.

Somente a partir da investigação deste universo vocabular mínimo é que o educador pode organizar o programa que, desta forma, vem dos alfabetizandos para a eles voltar, não como dissertação mas como problematização.[7]

---

[7] A respeito, quer dizer, do ponto de vista da alfabetização, cf. Paulo Freire, *Educação como prática da liberdade.* 1ª ed. Rio de Janeiro: Paz e Terra, 1967. Do ponto de vista da post-alfabetização, cf. Id., *Pedagogia do oprimido.*

Na prática criticada, pelo contrário, o educador, arbitrariamente — pelo menos do ponto de vista sociocultural —, elege, em sua biblioteca, as palavras geradoras com as quais fabrica sua cartilha à qual, não raro, se reconhece validade ao nível de todo o país.

Para a visão crítica, advertida com relação aos níveis da linguagem, entre eles o pragmático, de importância fundamental para a eleição das palavras geradoras, estas não podem ser selecionadas à luz de um critério puramente fonético. Uma palavra pode ter uma força especial em uma área e não tê-la em outra, às vezes dentro de uma mesma cidade.

Na linha destas reflexões, observemos algo mais. Enquanto, na concepção e na prática mecanicista da alfabetização o autor da cartilha elege as palavras, as decompõe na etapa da análise e compõe, na síntese, outras palavras com as sílabas encontradas para, em seguida, com as palavras criadas, redigir textos como os citados, na prática que defendemos as palavras geradoras — palavras do povo — são postas em situações problema (codificações),[8] como desafios que exigem resposta dos alfabetizandos. Problematizar a palavra que veio do povo significa problematizar a temática a ela referida, o que envolve necessariamente a análise da realidade, que se vai desvelando com a superação do conhecimento puramente sensível dos fatos pela razão de ser dos mesmos. Assim, a pouco e pouco, os alfabetizandos vão percebendo que o fato de, como seres humanos, falarem não significa ainda que "dizem sua palavra".

É necessário, na verdade, reconhecer que o analfabetismo não é em si um freio original. Resulta de um freio

[8] A propósito de codificação, cf. ibid.

anterior e passa a tornar-se freio. Ninguém é analfabeto por eleição, mas como consequência das condições objetivas em que se encontra. Em certas circunstâncias, "o analfabeto é o homem que não necessita ler,[9] em outras, é aquele ou aquela a quem foi negado o direito de ler".

Em ambos os casos, não há eleição. O primeiro vive numa cultura cuja comunicação e cuja memória são auditivas, se não em termos totais, em termos preponderantes. Neste caso, a palavra escrita não tem significação. Para que se introduzisse a palavra escrita e, com ela, a alfabetização, em uma realidade como esta, com êxito, seria necessário que, concomitantemente, se operasse uma transformação capaz de mudar qualitativamente a situação. Muitos casos de analfabetismo regressivo terão aí sua explicação. São o resultado de campanhas de alfabetização messiânica ou ingenuamente concebidas para áreas cuja memória é preponderante ou totalmente oral.

Nas várias oportunidades em que tenho conversado com camponeses chilenos, sobretudo em áreas em que se experimentaram conflitivamente em defesa da reforma agrária, tenho escutado expressões como estas: "Antes da reforma agrária não precisávamos das letras. Primeiro, porque não pensávamos. Nosso pensamento era o do patrão. Segundo, porque não tínhamos o que fazer com as letras. Agora, a coisa é diferente."

No segundo caso, o analfabeto é aquele ou aquela que, "participando" de uma cultura letrada, não teve a oportunidade de alfabetizar-se.

---

[9] Álvaro Vieira Pinto, *Consciência e realidade nacional*. Rio de Janeiro: ISEB, 1960.

Nunca me esqueço da análise feita por um camponês do nordeste brasileiro, no momento em que discutia duas codificações que apresentavam, a primeira, um índio caçando, com seu arco e sua flecha; a segunda, um camponês como ele, caçando também, com uma espingarda.

"Entre esses dois caçadores, disse, somente o segundo pode ser que seja analfabeto. O primeiro, não."

"Por quê?", lhe perguntei. Rindo um riso de quem se espantava com o meu porquê, respondeu: "Não se pode dizer que o índio é analfabeto porque vive numa cultura que não conhece as letras. Pra ser analfabeto é preciso viver no meio das letras e não conhecer elas."

Na verdade, somente na medida em que aos alfabetizandos se problematiza o próprio analfabetismo é que é possível entendê-lo em sua explicação mais profunda.

Não será com "Eva viu a uva", a "Asa é da ave", com perguntar-lhes se "Ada deu o dedo ao urubu" que se logra tal objetivo.

Assim, reinsistamos, enquanto na prática reacionária os alfabetizandos não desenvolvem nem podem desenvolver uma visão lúcida de sua realidade, na prática aqui defendida eles vão percebendo-a como uma totalidade. Vão superando, desta forma, o que chamamos visão focalista da realidade, segundo a qual as parcialidades de uma totalidade são vistas não integradas entre si, na composição do todo.

Na medida em que os alfabetizandos vão organizando uma forma cada vez mais justa de pensar, através da problematização de seu mundo, da análise crítica de sua prática, poderão atuar cada vez mais seguramente no mundo.

A alfabetização se faz, então, um quefazer global, que envolve os alfabetizandos em suas relações com o mundo e com os outros. Mas, ao fazer-se esse quefazer global, fundado na prática social dos alfabetizandos, contribui-se para que estes se assumam como seres do quefazer da práxis. Vale dizer, como seres que, transformando o mundo com seu trabalho, criam o seu mundo. Este mundo, criado pela transformação do mundo que não criaram e que constitui seu domínio, é o mundo da cultura que se alonga no mundo da história.

Desta forma, ao perceberem o significado criador e recriador de seu trabalho transformador, descobrem um sentido novo em sua ação, por exemplo, de cortar uma árvore, de dividi-la em pedaços, de tratá-los de acordo com um plano previamente estabelecido e que, ao ser concretizado, dá lugar a algo que já não é a árvore. Percebem, finalmente, que este algo, produto de seu esforço, é um objeto cultural.

De descoberta em descoberta, alcançam o fundamental:

a) que os freios a seu direito de "dizer sua palavra" estão em relação direta com a não apropriação por eles dos produtos de seu trabalho;
b) que o fato de trabalhar lhes proporciona um certo conhecimento, não importa se são analfabetos;
c) que, finalmente, entre os seres humanos não há absolutização da ignorância nem do saber. Ninguém sabe tudo; ninguém ignora tudo.

Nas experiências de que participei ontem no Brasil, como nas de que participo hoje no Chile, sempre foram confirmadas essas afirmações.

"Agora sei que sou culto", disse, certa vez, um velho camponês chileno ao discutir, através de codificações, a significação do trabalho. E ao se lhe perguntar por que se sabia culto, respondeu seguro: "Porque trabalho e trabalhando transformo o mundo."

Esta afirmação, muito comum também no Brasil, revela a superação que vão fazendo do conhecimento, ao nível preponderantemente sensível, de sua presença no mundo, pela assunção crítica desta presença, o que implica o reconhecimento de não apenas estarem no mundo, mas com o mundo.

Saber que é culto porque trabalha e trabalhando transforma o mundo, mesmo que entre o momento do reconhecimento deste fato e a real transformação da sociedade haja muito ainda o que fazer é algo, porém, que não se compara com a monótona repetição dos ba-be-bi-bo-bu.

"Agrada-me discutir sobre isto, disse uma mulher, também chilena, apontando para a codificação de uma situação existencial de sua área, porque vivo assim. Mas, continuou, enquanto vivo, não vejo. Agora, sim, observo como vivo".

Desafiada por sua própria situação existencial, representada na codificação, a mulher foi capaz, numa espécie de "emersão" de sua forma de existir, de "admirá-la" e percebê-la como até então não o fizera. Ter presentificada à sua consciência sua maneira de existir, descrevê-la, analisá-la, significa, em última análise, desvelar a realidade, mesmo que não signifique, ainda, um engajamento político para a sua transformação.

Afirmação similar tivemos oportunidade de ouvir, no ano passado, 1967, de um homem em Nova York, durante a discussão de uma fotografia de trecho de uma rua das redondezas de seu bairro.

Olhando silenciosamente a foto em seus pormenores — latas de lixo, pouca higiene, aspectos típicos de uma área discriminada —, disse, de repente: "Vivo aqui. Ando diariamente nessas ruas. Não posso dizer que jamais tivesse visto isso. Agora, porém, percebo que não percebia."[10]

No fundo, aquele homem de Nova York percebia, naquela noite, a sua percepção anterior, cuja deformação ele pôde retificar ao tomar distância de sua realidade, através da representação da mesma.

É verdade, também, que nem sempre esta retificação da percepção anterior se dá facilmente. É que a relação entre o sujeito e o objeto é tal que o desvelamento da objetividade afeta igualmente a subjetividade e, às vezes, de forma intensamente dramática e mesmo dolorosa.

Em certas circunstâncias, numa espécie de "manha da consciência", "prefere-se" à aceitação do real, como é, a sua ocultação ficando-se com o ilusório, que se transforma em real.

Na mesma experiência de Nova York, tive oportunidade de constatar igualmente este fato. Discutia-se noutro grupo uma fotomontagem, bastante bem-feita, de um trecho da cidade que apresentava diferentes níveis sociais, caracterizados pelos próprios edifícios.

---

[10] Este trabalho é realizado por uma Instituição chamada Full Circle, dirigida por Roberto Fox, um sacerdote católico, atuando ao nível da post-alfabetização. Há algo de similar entre o que realizam seus educadores e o que fizemos no Brasil e tentamos no Chile. Nunca houve, porém, nenhuma influência de nossa parte sobre sua concepção da educação. Conhecemo-nos quando os visitei por sugestão de Ivan Illich.

O grupo que debatia estava, indubitavelmente, situado num dos últimos escalões. Convidados os participantes a analisar a fotomontagem e a situar sua área entre os diversos níveis, o fizeram, colocando, porém, sua área numa faixa intermediária.[11]

Esta mesma resistência a aceitar o real — uma forma de defesa — tenho encontrado também entre trabalhadores camponeses e trabalhadores urbanos na América Latina. Não têm sido raros no Chile os que, ao lado dos muitos que vão decifrando sua realidade em termos críticos, expressam, no debate em torno de sua nova experiência no *asentamiento*, uma certa nostalgia do antigo patrão.

Condicionados pela ideologia dominante, não apenas obliteram sua capacidade de percepção do real, mas também, às vezes, se "entregam", docilmente, aos mitos daquela ideologia.

A alfabetização de adultos, tal qual a entendemos, como a post-alfabetização, tem aí um dos pontos cruciais a enfrentar.

"Descubro agora", disse outro camponês chileno, ao se lhe problematizarem as relações homem-mundo, "que não há homem sem mundo". E, ao perguntar-lhe o educador, em nova problematização: admitindo-se que todos os seres humanos morressem, mas ficassem as árvores, os pássaros, os animais, os mares, os rios, a Cordilheira dos Andes, seria isto mundo? "Não!", respondeu decidido: "Faltaria quem dissesse: isto é mundo."

---

[11] Em *Pedagogia do oprimido*, o autor se refere a outra observação feita na mesma experiência de Nova York. [N.E.]

Com esta resposta, o filósofo camponês, que a concepção elitista classificaria de "ignorante absoluto", colocou a questão dialética da subjetividade-objetividade.

"Quando éramos 'inquilinos'", disse outro camponês, depois de dois meses de participação nas atividades de um Círculo de Cultura num *asentamiento*, "e o patrão nos chamava de ingênuos, dizíamos: 'Obrigado, patrão.' Para nós, aquilo era um elogio. Agora que estamos ficando críticos, sabemos o que queria dizer com ingênuos. Chamava-nos de bobos". "E que é ser crítico?", lhe perguntamos. "É pensar certo. É ver a realidade como ela é", respondeu.

Há algo finalmente que gostaria de considerar. É que todas estas reações orais que se vão dando durante as discussões nos Círculos de Cultura devem ser transformadas em textos que, entregues aos alfabetizandos, passam a ser por eles discutidos.

Isso não tem nada que ver, realmente, com a prática criticada, em que os alfabetizandos repetem duas, três vezes, para memorizar, que a "asa é da ave".

Assim, somente a alfabetização que, fundando-se na prática social dos alfabetizandos, associa a aprendizagem da leitura e da escrita, como um ato criador, ao exercício da compreensão crítica daquela prática, sem ter, contudo, a ilusão de ser uma alavanca da libertação, oferece uma contribuição a este processo.

Daí que não possa ser esse um quefazer das classes dominantes.

Santiago, 1968

Os camponeses e seus textos de leitura[12]

Transformar o mundo por meio de seu trabalho, "dizer" o mundo, expressá-lo e expressar-se são o próprio dos seres humanos.

A educação, qualquer que seja o nível em que se dê, se fará tão mais verdadeira quanto mais estimule o desenvolvimento desta necessidade radical dos seres humanos, a de sua expressividade.

É exatamente isso o que não faz a educação que costumo chamar de "bancária", em que o educador substitui a expressividade pela doação de expressões que o educando deve ir "capitalizando". Quanto mais eficientemente o faça, tanto melhor educando será considerado.

Na alfabetização de adultos, como na post-alfabetização, o domínio da linguagem oral e escrita constitui uma das dimensões do processo da expressividade. O aprendizado da leitura e da escrita, por isso mesmo, não terá significado real se se faz através da repetição puramente mecânica de sílabas. Este aprendizado só é válido quando, simultaneamente com o domínio do mecanismo da formação vocabular, o educando vai percebendo o profundo sentido da linguagem. Quando vai percebendo a solidariedade que há entre

---

[12] Este texto, como outros que fazem parte deste volume, foi escrito para um seminário realizado por uma das Equipes Centrais que coordenavam trabalhos de alfabetização de adultos em áreas rurais do Chile.

a linguagem-pensamento e realidade, cuja transformação, ao exigir novas formas de compreensão, coloca também a necessidade de novas formas de expressão.

Tal é o caso da reforma agrária. Transformada a estrutura do latifúndio, de que resultou a do *asentamiento*, não seria possível deixar de esperar novas formas de expressão e de pensamento-linguagem.

Na estrutura do *asentamiento*, palavras e expressões que constituíam constelações culturais e envolviam uma compreensão do mundo, típica da estrutura latifundista, tendem a ir esvaziando-se de sua antiga força.[13]

"Patrão. Sim, patrão. Que posso fazer se sou um camponês. Fale, que nós seguimos. Se o patrão disse, é verdade. Sabe com quem está falando?" etc. são algumas destas palavras e expressões incompatíveis com a estrutura do *asentamiento*, enquanto esta é uma estrutura que se democratiza.

Agora bem, se ao lado destas transformações se desenvolve uma educação capaz de ajudar a compreensão crítica da mudança operada — que atingiu igualmente a maneira de trabalhar —, esta educação ajudará também a instauração de um novo pensamento-linguagem.

Basta sublinhar este aspecto das relações pensamento-linguagem e estrutura social para que a alfabetização de adultos e a post-alfabetização tenham um significado distinto.

---

[13] Analisando as mudanças de linguagem, em sociedades em processo de democratização, diz Barbu: "Novas significações são dadas a velhas palavras e novas palavras são cunhadas para designar velhas coisas." Zevedei Barbu, *Democracy and Dictatorship: Their Psychology and Patterns of Life*. Londres: Routledge and Kegan Paul, 1956.

Advertidos destas relações, os educadores darão o máximo de atenção à escolha das palavras geradoras, bem como à redação dos textos de leitura. Estes devem levar em conta homens e mulheres em seu contexto em transformação. Não podem ser meras narrações da nova realidade, nem tampouco revestir-se de sentido paternalista.

Seu conteúdo, sua forma, sua extensão, sua complexidade crescente devem ser seriamente considerados quando de sua elaboração.

Seu objetivo não é fazer a descrição de algo a ser memorizado. Pelo contrário, é problematizar situações. É necessário que os textos sejam em si um desafio e como tal sejam tomados pelos educandos e pelo educador para que, dialogicamente, penetrem em sua compreensão. Daí que jamais devam converter-se em "cantigas de ninar" que, em lugar de despertar a consciência crítica, a adormecem. "As classes de leitura", em lugar de seguirem a rotina normal que as caracteriza, devem ser verdadeiros seminários de leitura. Haverá sempre oportunidade, nesses seminários, para se estabelecerem as relações entre um trecho do texto em discussão e aspectos vários da realidade do *asentamiento*.

Uma palavra, uma afirmação contida no texto que se analisa, podem viabilizar a discussão em torno da produção do *asentamiento*, de uma técnica mais adequada às novas condições, a propósito de um problema de saúde, em torno da necessidade de uma permanente formação com que se responda aos novos desafios.

Tudo isso implica não apenas uma rigorosa capacitação dos educadores de base, mas também numa permanente avaliação de seu trabalho.

Avaliação e não inspeção. Nesta, seriam meros objetos da vigilância da Equipe Central. Naquela, são tão sujeitos quanto a Equipe Central no ato de, tomando distância do trabalho em realização, fazer a sua crítica.

Entendida assim, a avaliação não é o ato pelo qual A avalia B. É o ato por meio do qual A e B avaliam juntos uma prática, seu desenvolvimento, os obstáculos encontrados ou os erros e equívocos porventura cometidos. Daí o seu caráter dialógico.

"Tomando distância" da ação realizada ou realizando-se, os avaliadores a examinam. Desta forma, muita coisa que antes (durante o tempo da ação) não era percebida, agora aparece de forma destacada diante dos avaliadores.

Neste sentido, em lugar de ser um instrumento de fiscalização, a avaliação é a problematização da própria ação.

É preciso que os membros da Equipe Central se convençam, humildemente, de que têm muito o que aprender com os educadores que se acham diretamente ligados às bases populares, como estes com as bases.

Sem esta humildade, jamais admitirá a Equipe Central qualquer inadequabilidade entre sua visão da realidade e esta. Assim, se algo não anda bem, a causa deve estar na incapacidade dos educadores de base, nunca na insuficiência teórica da Equipe Central. Pensando possuir a verdade, decreta a sua infalibilidade. Daí que, em tal hipótese, avaliar seja, para ela, inspecionar.

Assim, quanto mais burocrática seja uma Equipe Central, não só do ponto de vista administrativo, mas sobretudo mental, tanto mais estreita e inspetora será. Ao contrário, tanto mais seja ela aberta e disponível à criatividade, antidogmática, quanto mais avaliadora, no sentido aqui descrito, será.

Além destes textos elaborados pela Equipe Central, se faz absolutamente indispensável o aproveitamento dos redigidos pelos camponeses. A pouco e pouco estes devem ir multiplicando-se, o que não significa dever a Equipe Central parar o seu esforço de redação ou de aproveitamento de um ou outro texto não redigido por ela (por um especialista, por exemplo, no campo da economia rural, da saúde etc.), quando necessário.

Neste sentido, os educadores devem aproveitar toda oportunidade para estimular os camponeses a que exponham suas observações, suas dúvidas, suas críticas.

Durante a discussão de uma situação problemática — codificação — os educadores devem solicitar aos camponeses que redijam, primeiramente no quadro-negro, depois, numa folha de papel, suas observações — uma simples frase, não importa.

Esses dois momentos da redação têm objetivos distintos. O primeiro tem por finalidade propor ao grupo a discussão do conteúdo do texto redigido por um de seus companheiros. Na medida em que a experiência se vá afirmando, é importante que caiba ao autor do texto a coordenação da discussão em torno de sua compreensão.

O segundo, no qual o educando redige seu pequeno texto numa folha de papel, tem como fim seu aproveitamento posterior numa espécie de antologia de textos camponeses a ser organizada pela Equipe Central, com a participação de educadores de base e, também, de alguns camponeses. Antologia não somente de textos dos participantes do Centro de Educação de um *asentamiento*, mas dos participantes dos Centros de todos os *asentamientos* de uma zona.

Selecionados os textos e classificados em função de sua temática, a Equipe Central redigirá comentários em forma simples, de caráter problematizador, a propósito de cada um.

Outra maneira de recolher o discurso camponês, convertendo-o em textos de leitura, seria a de gravar as discussões nos Centros de Educação ou Círculos de Cultura.

Pensemos, por exemplo, numa área em que haja três ou quatro *asentamientos* e em cada um dos quais existam "n" Círculos de Cultura funcionando ainda na etapa de alfabetização.

Como sabemos, a codificação que os camponeses têm diante de si não é uma simples ajuda visual de que o educador se serve para "dar" uma aula melhor. A codificação, pelo contrário, é um objeto de conhecimento que, mediatizando educador e educandos, se dá a seu desvelamento.

Representando um aspecto da realidade concreta dos camponeses, a codificação tem escrita em si a palavra geradora a ela referida ou a algum de seus elementos.

Ao descodificarem a codificação, com a participação do educador, os camponeses analisam sua realidade e expressam, em seu discurso, os níveis de percepção de si mesmos em suas relações com a objetividade. Revelam os condicionamentos ideológicos a que estiveram submetidos em sua experiência na "cultura do silêncio", nas estruturas do latifúndio.

A prática nos tem demonstrado, a todos os que temos participado de trabalhos como este, a importância e a riqueza do discurso dos alfabetizandos, ao analisar sua realidade representada na codificação. Importância e riqueza, qualquer que seja o ângulo em que as encaremos — seja o da forma, seja o do conteúdo, que envolve a análise linguística, a qual, por sua vez, se alonga na ideológica e política.

A existência deste material abre à Equipe Central uma série de possibilidades que não podem ser desprezadas. As sugestões que farei em torno de tais possibilidades desafiarão, certamente, a Equipe Central a perceber outras que me tenham passado despercebidas.

Um primeiro emprego deste material, antes mesmo de transcritos os debates em torno das codificações, poderia ser o da realização de seminários de avaliação em que os educadores de uma área, escutando as gravações, discutiriam entre si, com representantes da Equipe Central, seu procedimento durante o processo da descodificação. Neste momento, no contexto do seminário de avaliação, os educadores estariam tomando distância de sua prática anterior, percebendo, assim, seus acertos e seus equívocos. Na mesma linha desses seminários de avaliação, seria fundamental que educadores, trabalhando na área "A", escutassem as gravações dos debates realizados nos Círculos de Cultura da área "B" e vice-versa.

Esforço idêntico poderia ser feito ao nível dos alfabetizandos. Desta forma, camponeses da área "A" escutariam e debateriam as gravações das descodificações realizadas por companheiros da área "B", em torno das mesmas codificações que eles também haviam descodificado e vice-versa.

Um empenho como esse ajudaria alfabetizandos e alfabetizadores a ir superando o que costumo chamar de visão focalista da realidade e ir ganhando a compreensão da totalidade.

Parece-me igualmente indispensável que a Equipe Central motive os especialistas — agrônomos, técnicos agrícolas, educadoras domésticas, sanitaristas, cooperativistas, veterinários — envolvidos nas diferentes atividades do *asentamiento*, para que, em seminários também, analisem o discurso dos camponeses em que, repitamos, expressam a forma como se veem em suas relações com o mundo.

É preciso que esses técnicos superem a visão deformada da especialidade, a que transforma a especialização em especialismo, escravizando-os a uma percepção estreita dos problemas.

Agrônomos, técnicos agrícolas, sanitaristas, cooperativistas, alfabetizadores, todos nós temos muito o que aprender com os camponeses e se a isso nos recusamos, nada a eles podemos ensinar.

Procurar compreender o discurso camponês será um passo decisivo na superação daquela percepção estreita dos problemas a que me referi acima.

Outra possibilidade de aproveitamento da gravação das descodificações poderia ser a de, discutindo-as com os próprios camponeses, motivá-los a que fizessem montagens de dramatizações em torno de fatos por eles vividos e por eles narrados em seus debates.

A palavra luta, por exemplo, têm suscitado em vários Círculos de Cultura de diferentes *asentamientos*, discussões bem vivas em que os camponeses falam do que significou para eles a conquista de um "fundo", a luta para obter o direito à terra. São discussões em que contam um pouco de sua história, que não se encontra nos compêndios convencionais.

Dramatizar estes fatos é não apenas uma forma de estimular a expressividade dos camponeses, mas também de desenvolver a sua consciência política.

Por outro lado, no momento em que estas gravações começassem a cobrir todas as áreas de reforma agrária do país, podemos imaginar o alcance político-pedagógico que o intercâmbio do discurso camponês poderia ter. Esse intercâmbio poderia ser estimulado também através do programa radiofônico sob a responsabilidade do Instituto de Desarrollo Agropecuario, que poderia começar a transmitir alguns dos debates gravados, seguidos por comentários, em linguagem simples, feitos pela Equipe Central.

Há algo mais que a análise deste discurso pode proporcionar: o reconhecimento de uma série de preocupações das comunidades camponesas que, em última análise, revelam uma temática a ser tratada interdisciplinarmente e na qual se poderia basear a organização do conteúdo programático para a post-alfabetização.

Por que, ao pensar-se no que deve vir depois da alfabetização, se pensa sempre no programa da escola primária, na sua seriação tradicional? É como se a alfabetização dos adultos, mais rápida ou menos rápida, fosse um "tratamento" necessário que se lhes aplicasse para que depois atravessassem a monotonia da escola primária convencional.

Uma alfabetização de adultos que rompe com os esquemas tradicionais não pode, por isso mesmo, prolongar-se numa post-alfabetização que a negue.

Tão ligada ao esforço de produção quanto a alfabetização, a post-alfabetizarão nos *asentamientos* há de ser, como aquela, um ato de conhecimento e não de transferência deste. Seu conteúdo programático, partindo da realidade concreta dos camponeses, deve oferecer-lhes a possibilidade de ir superando o conhecimento ao nível preponderantemente "sensível" das coisas e dos fatos pela "razão de ser" dos mesmos.

Daí que, apoiada na prática dos camponeses, a post-alfabetização nos *asentamientos* deva oferecer-lhes, em níveis que se vão ampliando, um conhecimento cada vez mais científico de seu quefazer e de sua realidade.

A análise das descodificações gravadas proporciona a apreensão de temas básicos, capazes de ser desdobrados em unidades de aprendizagem nos mais variados campos. No da agricultura, no da saúde, no da matemática, no da ecologia, no da geografia, no da história, no da economia etc. O importante é que todos estes estudos se façam sempre em função da realidade concreta dos camponeses e de sua prática nela.

Finalmente, transcritas as gravações das descodificações, a Equipe Central, assessorada por educadores de base e líderes camponeses, organizaria livros de textos — as antologias camponesas. Livros que poderiam ser acrescidos de um ou outro texto redigido pela equipe, como sugerimos na primeira parte deste trabalho.

Da mesma forma como as gravações, os livros seriam intercambiados de área a área.

Ao estudar seu próprio texto ou o texto de companheiros de outra área, os camponeses estariam estudando o discurso que brotou da descodificação de uma temática.

Ao discutir, e não apenas ao ler o discurso anterior, fariam a crítica deste discurso, com um novo, a ser gravado também. O discurso sobre o discurso anterior, que implica o conhecimento do conhecimento anterior, daria lugar a um novo livro, um segundo livro de leitura, cada vez mais rico, mais crítico, mais plural em sua temática.

Desta maneira, se estaria tentando um esforço sério no sentido do desenvolvimento da expressividade dos camponeses que se iriam inserindo criticamente na realidade do *asentamiento*. Inserção crítica por meio da qual iriam ganhando mais rapidamente a clara compreensão de que à nova estrutura do *asentamiento* corresponde um novo pensamento-linguagem.

Santiago, 1968

Ação cultural e reforma agrária

Incidindo sobre a estrutura do latifúndio, transformando-a noutra, transitória, a do *asentamiento*, a reforma agrária exige um permanente pensar crítico em torno da ação transformadora mesma e dos resultados que dela se obtenham.

Qualquer postura ingênua em face deste processo, da qual resultem quefazeres igualmente ingênuos, pode conduzir a erros e a equívocos funestos.

Um desses equívocos, por exemplo, pode ser o de reduzir a ação transformadora a um ato mecânico, através do qual a estrutura do latifúndio cederia seu lugar à do *asentamiento*, como quando alguém, mecanicamente, substitui uma cadeira por outra, ou a desloca de um lugar a outro.

O equívoco fundamental a que esta visão, na melhor das hipóteses acrítica, pode levar está em que se pretenda operar no domínio histórico-cultural, especificamente humano, em que se dá a reforma agrária, como quem se comporta no domínio das coisas.

Mecanicismo, tecnicismo, economicismo são dimensões de uma mesma percepção acrítica do processo da reforma agrária. Implicam todas elas a minimização dos camponeses, como puros objetos da transformação. Daí que, numa tal perspectiva, de caráter reformista, o importante seja fazer as mudanças *para* e *sobre* os camponeses, como objetos, e não *com* eles, como sujeitos, também, da transformação.

Se é indispensável que os camponeses adotem novos procedimentos técnicos para o aumento da produção, então não há outra coisa a fazer senão "estender" a eles as técnicas dos especialistas, com as quais se pretende substituir seus procedimentos empíricos.

Desta forma, se esquece de que as técnicas, o saber científico, assim como o procedimento empírico dos camponeses se encontram condicionados histórico-culturalmente. Neste sentido são manifestações culturais tanto as técnicas dos especialistas quanto o comportamento empírico dos camponeses.

Subestimar a capacidade criadora e recriadora dos camponeses, desprezar seus conhecimentos, não importa o nível em que se achem, tentar "enchê-los" com o que aos técnicos lhes parece certo são expressões, em última análise, da ideologia dominante.

Não queremos, contudo, com isso dizer que os camponeses devam permanecer no estado em que se encontram com relação a seu enfrentamento com o mundo natural e à sua posição em face da vida política do país. Queremos afirmar que eles não devem ser considerados como "vasilhas" vazias nas quais se vá depositando o conhecimento dos especialistas, mas, pelo contrário, sujeitos, também, do processo de sua capacitação. Capacitação indispensável ao aumento da produção, cuja necessidade, demasiado óbvia, não necessita ser discutida. O que, porém, não apenas se pode mas se deve discutir é a forma de compreender e de buscar o aumento da produção.

A visão ingênua que, em sua percepção focalista da realidade, economicista, desconhece que não há produção fora das relações homem-mundo termina por transformar os camponeses em meros instrumentos de produção.

Assim, na medida em que despreza o fato de que não há produção fora das relações homem-mundo, não pode perceber sua importância.

Daí que não possa compreender e, quando compreende, não dê a devida importância ao fato de que, transformando a realidade natural com seu trabalho, os homens criam o seu mundo. Mundo da cultura e da história que, criado por eles, sobre eles se volta, condicionando-os. Isto é o que explica a cultura como produto, capaz ao mesmo tempo de condicionar seu criador.

O que nos parece dever ficar claro é que o indispensável aumento da produção agrícola não pode ser visto como algo separado do universo cultural em que se dá.

Os obstáculos ao aumento da produção, com os quais se defrontam os técnicos no processo da reforma agrária, são, em grande medida, obstáculos de caráter cultural. A resistência dos camponeses a esta ou àquela forma mais eficaz de trabalho, que implicaria uma maior produtividade, é de natureza cultural.[14]

Os camponeses desenvolvem sua maneira de pensar e de visualizar o mundo de acordo com pautas culturais que, obviamente, se encontram marcadas pela ideologia dos grupos dominantes da sociedade global de que fazem parte. Sua maneira de pensar, condicionada por seu atuar

---

[14] A este propósito, cf. Paulo Freire, *Extensão ou comunicação?* Rio de Janeiro: Paz e Terra, 1977, 1ª edição. [N.E.]

ao mesmo tempo em que a este condiciona, de há muito e não de hoje, se vem constituindo, cristalizando. E se muitas destas formas de pensar e de atuar persistem hoje, mesmo em áreas em que os camponeses se experimentam em conflitos na defesa de seus direitos, com mais razão permanecem naquelas em que não tiveram uma tal experiência. Naquelas em que a reforma agrária simplesmente aconteceu.

Esta é a razão que explica a manutenção de grande parte das manifestações culturais do latifúndio na estrutura transitória do *asentamiento*. Só um mecanicista terá dificuldades em entender que a supraestrutura não se transforma automaticamente com a mudança da infraestrutura.

A transformação de uma sociedade será, por isso mesmo, tão mais radical quanto seja um processo infraestrutural que toma, assim, a estrutura como a dialetização entre a infra e a supraestrutura. Muito da negatividade do que costumamos chamar "cultura do silêncio", típica das estruturas fechadas como a do latifúndio, penetra, com seus sinais visíveis, na nova estrutura do *asentamiento*.

Esta "cultura do silêncio", gerada nas condições objetivas de uma realidade opressora, não somente condiciona a forma de estar sendo dos camponeses enquanto se acha vigente a infraestrutura que a cria, mas continua condicionando-os, por largo tempo, ainda quando sua infraestrutura tenha sido modificada.

Se a relação que havia antes entre a estrutura dominadora e as formas de perceber a realidade e de atuar nela está desaparecendo, isto não significa que as negatividades da "cultura do silêncio" hajam perdido sua força condicionante com a instalação do *asentamiento*. Seu poder inibidor permanece, não como reminiscência inconsequente, mas como algo concreto, interferindo no quefazer novo que a nova estrutura demanda dos camponeses. Para que se esgote este poder inibidor é necessário que as novas relações humanas, características da estrutura recém-instaurada e baseadas numa realidade material diferente, sejam capazes de criar um estilo de vida radicalmente oposto ao anterior. E, ainda assim, a "cultura do silêncio" pode, de vez em quando, em função de certas condições favoráveis, "reativar-se", reaparecendo em suas manifestações típicas.

Só através da "dialética da sobredeterminação"[15] é possível compreender esta permanência que, na verdade, cria problemas e dificuldades até mesmo às transformações revolucionárias.

Somente armados deste instrumento metodológico poderemos entender e explicar as reações de caráter fatalista dos camponeses em face dos desafios que a nova realidade lhes faz. Como também compreender que eles tenham, não raras vezes, no modelo dominador do patrão latifundista, o exemplo que devem seguir. Ou que, já enquanto "assentados", lhes pareça normal dizer, referindo-se ao antigo patrão, "o verdadeiro patrão mora mais acima",[16] não percebendo que, ao considerar o antigo patrão como o verdadeiro, estão questionando a validade mesma de seu estado de "assentados", na realidade nova do *asentamiento*, em que devem

---

[15] Louis Althusser, *Pour Marx*. Paris: François Maspéro, 1967.

[16] Afirmação feita por um líder camponês, em conversa com o autor, num *asentamiento*.

superar a posição anterior de objetos, assumindo a de sujeitos. Ou ainda, que muitos vejam na Corporación de la Reforma Agrária seu novo patrão.

Estas reações não podem ser entendidas pelos mecanicistas que, ingenuamente convencidos da transformação automática da supraestrutura com a mudança da infra, tendem a explicá-las anticientificamente, considerando os camponeses como "preguiçosos e incapazes" e, às vezes também, "ingratos".

Daí que se inclinem a formas de ação vertical, paternalista, em lugar de estimular a tomada de decisão dos camponeses. Desta maneira, reativando a "cultura do silêncio" e mantendo os camponeses no estado de dependência, não contribuem em nada para a superação de sua percepção fatalista em face das situações limite; superação desta percepção fatalista por outra, crítica, capaz de divisar mais além destas situações, o que chamamos de "inédito viável".[17]

Daí que, frente a estas, fatalistamente, esta modalidade de consciência busque suas razões fora das situações mesmas, encontrando-as, quase sempre, no destino ou no castigo divino.[18] A este nível, não é possível, realmente, uma percepção estrutural dos problemas de que resultaria sua inserção crítica no processo de transformação.

Isto só é possível quando, através de uma permanente mobilização dos camponeses, de sua participação ativa numa prática política, na defesa de seus interesses e na

---

[17] Paulo Freire, *Pedagogia do oprimido*.

[18] "A seca atual é vingança de São Pedro, por seu dia já não ser feriado santo", disse-nos um líder camponês num dos *asentamientos*.

compreensão de que estes não devem ser antagônicos aos de seus companheiros, trabalhadores urbanos, conseguem superar o estado que Goldmann chama de "consciência real" pelo "máximo de consciência possível".[19]

Imobilizar os camponeses exercendo ainda sobre eles uma prática assistencialista, não pode constituir-se no caminho para tal superação. Por esse caminho, os camponeses poderão ser, no máximo, incorporados como objetos ao processo da reforma agrária, jamais a ele incorporados como sujeitos dele. Podem ser incorporados à produção, como instrumentos dela, jamais incorporar-se a ela como sujeitos.

Impõe-se, pelo contrário, uma modalidade de ação através da qual, culturalmente, se enfrente a "cultura do silêncio" e se opere a extrojeção de seus mitos.

Nesta modalidade de ação, a realidade que mediatiza seus sujeitos se "entrega" à "admiração" destes, constituindo-se como objeto de conhecimento de ambos: educadores-educandos, educandos-educadores.

Tudo isso demanda que o *asentamiento*, enquanto uma unidade de produção, seja entendido também como unidade cultural. Desta forma, a capacitação técnica dos camponeses jamais se reduziria à transferência de receitas tecnicistas e se faria uma atividade realmente criadora.

Ao capacitar-se em novas técnicas, deveriam discutir a maneira como estiveram sendo, "silenciosamente", na estrutura opressiva do latifúndio.

---

[19] Lucien Goldmann, *Las ciencias humanas y la filosofía*. Buenos Aires: Ediciones Nueva Visión, 1972.

Enquanto a forma de ação assistencialista, vertical, manipuladora, envolve, necessariamente, a "invasão cultural", a que defendemos propõe a "síntese cultural".[20]

Para que esta se dê é necessário que, desde o momento em que esta ação começa, já seja dialógica.

Agrônomos, técnicos agrícolas, alfabetizadores, cooperativistas, sanitaristas devem encontrar-se com os camponeses, dialogicamente, tendo a realidade mesma do *asentamiento* como mediadora.

Desta forma, o caráter de agentes da ação, que têm os que tomam a iniciativa desta, deixa de pertencer-lhes, na síntese, em cujo momento os camponeses assumem o papel também de agentes da ação.

A ação cultural que se orienta no sentido da síntese tem seu ponto de partida na investigação temática ou dos temas geradores, por meio da qual os camponeses iniciam uma reflexão crítica sobre si mesmos, percebendo-se como estão sendo.

Ao apresentar-se aos camponeses, durante a investigação temática, sua realidade objetiva, na qual e com a qual estão, como um problema, através de situações codificadas, refazem sua percepção anterior da realidade.

Alcançam, assim, o conhecimento do conhecimento anterior, que os leva ao reconhecimento de erros e equívocos no antigo conhecimento.[21] Desta forma ampliam o marco do conhecer, percebendo, em sua "visão de fundo", dimensões até então não percebidas e que,

---

[20] A propósito de "invasão cultural" e "síntese cultural", cf. Paulo Freire, op. cit. [N.E.]

[21] Cf. ibid. [N.E.]

agora se lhes apresentam como "percebidos destacados em si".

Este tipo de ação cultural, reinsistamos, só tem sentido quando tenta constituir-se como um momento de teorização da prática social de que participam os camponeses. Se se aliena desta prática, se perde, esvaziada, num puro blá-blá-blá.

Finalmente, a ação cultural como a entendemos não pode, de um lado, sobrepor-se à visão do mundo dos camponeses e invadi-los culturalmente, de outro, adaptar-se a ela. Pelo contrário, a tarefa que ela coloca ao educador é a de, partindo daquela visão, tomada como um problema, exercer, com os camponeses, uma volta crítica sobre ela, de que resulte sua inserção, cada vez mais lúcida, na realidade em transformação.

Santiago, 1968

O PAPEL DO TRABALHADOR SOCIAL NO PROCESSO DE MUDANÇA

ESTE ENCONTRO DO QUAL PARTICIPAMOS é uma oportunidade que as instituições governamentais aqui representadas oferecem a alguns de seus grupos de técnicos para pensar em comum. Pensar em comum em torno de problemas objetivos que envolvem sua atuação em seus vários campos de trabalho.

Nossa contribuição se centra na discussão do tema que nos foi proposto: o papel do trabalhador social no processo de mudança.

Para fazê-lo, devemos começar por exercer uma reflexão sobre a frase mesma que envolve o nosso tema.

A vantagem de assim proceder está em que a frase proposta se desvela ante nós em sua compreensão total. O adentramento que façamos nela, desde um ponto de vista crítico, nos possibilitará perceber a interação de seus termos na constituição de um pensamento estruturado, que contém um tema significativo.

Este adentramento crítico na frase proposta, que nos leva à apreensão mais profunda de seu significado, supera a percepção ingênua, que sendo simplista, nos deixa sempre na periferia de tudo o que tratamos.

Para o ponto de vista crítico que aqui defendemos, a operação de mirar implica outra — a de "ad-mirar".

Admiramos e ao adentrar-nos no admirado o miramos de dentro e desde dentro, o que nos faz ver.

Na ingenuidade, que é uma forma "desarmada" de enfrentamento com a realidade, miramos apenas e, porque não admiramos, não podemos mirar o mirado em sua intimidade, o que não nos leva a ver o que foi puramente mirado.

Por isso, é necessário que admiremos a frase proposta para, mirando-a de dentro, reconhecer que não deve ser tomada como um mero clichê. A frase em discussão não é um rótulo. Ela é, em si, um problema, um desafio.

Enquanto apenas miremos a frase, ficando assim na sua periferia, provavelmente não faremos outra coisa, ao falar do tema que ela envolve, senão um discurso de "frases feitas".

A operação referida de adentramento crítico na frase proposta nos possibilita outra operação — a de sua cisão em suas partes constitutivas. Esta cisão da totalidade, em suas partes nos permite retornar a ela (totalidade) alcançando desta forma uma compreensão mais vertical de sua significação.

Ad-mirar, mirar desde dentro, cindir para voltar a mirar o todo admirado, que são um ir até o todo e um voltar dele até suas partes, são operações que só se dividem pela necessidade que tem o espírito de abstrair para alcançar o concreto. No fundo, são operações que se implicam mutuamente.

Ao ad-mirar a frase que envolve um tema desafiador, ao cindi-la em seus elementos, constatamos que o termo *papel* se acha modificado por uma expressão restritiva, que delimita sua "extensão": *do trabalhador social*. Nesta, por outro lado, há um qualificativo: *social*, que incide sobre a "compreensão" do termo *trabalhador*.

Esta subunidade da estrutura geral — *papel do trabalhador social* — se liga à segunda — *processo de mudança* —, que representa, segundo a compreensão da frase, "onde" o *papel* se cumpre, através do conectivo *em*.

Na verdade, porém, o papel do trabalhador social não se dá no processo da mudança, como a inteligência puramente gramatical da frase nos sugere.

O papel do trabalhador social se desenvolve num domínio mais amplo, no qual a mudança é um dos aspectos. O trabalhador social atua, com outros, na estrutura social.

Daí que se nos imponha compreendê-la em sua complexidade. Se não a entendemos como algo que, para ser, tem de estar sendo, não teremos dela uma visão crítica. O que, de fato, caracteriza a estrutura social não é a mudança nem a permanência tomadas em si mesmas, mas a "duração" da contradição entre ambas, em que uma delas pode ser preponderante sobre a outra.

Na estrutura social, enquanto dialetização entre a infra e a supraestrutura, não há permanência da permanência nem mudança da mudança, mas o empenho de sua preservação em contradição com o esforço por sua transformação. Daí que não possa ser o trabalhador social, como educador que é, um técnico friamente neutro. Silenciar sua opção, escondê-la no emaranhado de suas técnicas ou disfarçá-la com a proclamação de sua neutralidade não significa na verdade ser neutro mas, ao contrário, trabalhar pela preservação do *status quo*.

Daí a necessidade que tem de clarificar sua opção, que é política, através de sua prática, também política. Sua opção determina seu *papel*, como seus métodos de ação.

É uma ingenuidade pensar num papel abstrato, num conjunto de métodos e de técnicas neutros para uma ação que se dá em uma realidade que também não é neutra.

Assim, se a opção do trabalhador social é reacionária, sua ação e os métodos adotados se orientarão no sentido de frear as transformações. Em lugar de desenvolver um trabalho através do qual a realidade se vá desvelando a ele e aos com quem trabalha, em um esforço crítico comum, se preocupará, pelo contrário, em mitificar a realidade. Em lugar de ter nesta uma situação problemática que o desafia e aos homens com quem deveria estar em comunicação, sua tendência é inclinar-se a soluções de caráter assistencialista. O que o move, em última análise, através de ações e reações, é ajudar a "normalização" da "ordem estabelecida" que serve aos interesses da elite do poder.

O trabalhador social que faz essa opção pode, e quase sempre tenta, disfarçá-la, aparentando sua adesão à mudança, ficando, porém, nas meias mudanças, que são uma forma de não mudar.

Um dos sinais da opção reacionária do trabalhador social são suas inquietações em face das consequências da mudança, seu receio ao novo, seu medo, às vezes impossível de ser escondido, de perder seu "status social". Daí que, em seus métodos de ação, não haja lugar para a comunicação, para a reflexão crítica, para a criatividade, para a colaboração, mas para a manipulação ostensiva ou não.

O trabalhador social reacionário não pode realmente interessar-se por que os indivíduos desenvolvam uma percepção crítica de sua realidade. Não pode interessar-se por que exercitem uma reflexão, enquanto atuam, sobre a própria percepção que estão tendo da realidade. Não lhe interessa esta volta da percepção sobre a percepção, condicionada pela realidade em que se acham.

É que, no momento em que os indivíduos, atuando e refletindo, são capazes de perceber o condicionamento de sua percepção pela estrutura em que se encontram, sua percepção começa a mudar, embora isso não signifique ainda a mudança da estrutura. É algo importante perceber que a realidade social é transformável; que feita pelos homens, pelos homens pode ser mudada; que não é algo intocável, um fado, uma sina, diante de que só houvesse um caminho: a acomodação a ela. É algo importante que a percepção ingênua da realidade vá cedendo seu lugar a uma percepção que é capaz de perceber-se; que o fatalismo vá sendo substituído por uma crítica esperança que pode mover os indivíduos a uma cada vez mais concreta ação em favor da mudança radical da sociedade. Ao trabalhador social reacionário nada disso interessa.

Poderá dizer-se que a mudança da percepção não é possível antes da mudança da estrutura, na razão mesma do seu condicionamento por esta. Tal afirmação, se tomada de um ponto de vista extremado, pode nos conduzir a interpretações mecanicistas das relações percepção-realidade.

Por outro lado, para evitar qualquer confusão entre nossa posição e uma postura idealista, é necessário que digamos algo mais sobre este processo.

A mudança da percepção da realidade pode dar-se "antes" da transformação desta, se não se empresta ao termo antes a significação de dimensão estagnada do tempo, com que lhe pode conotar a consciência ingênua.

A significação do *antes*, aqui, não é do sentido comum. O *antes* aqui não significa um momento anterior que estivesse separado do outro por uma fronteira rígida. O antes, pelo contrário, faz parte do processo de transformação estrutural.

Desta forma, a percepção da realidade, distorcida pela ideologia dominante, pode ser mudada, na medida em que, no "hoje" em que se está verificando o antagonismo entre mudança e permanência, este antagonismo começa a se fazer um desafio.

Esta mudança de percepção, que se dá na problematização de uma realidade conflitiva, implica um novo enfrentamento dos indivíduos com sua realidade. Implica uma "apropriação" do contexto, numa inserção nele, num já não ficar "aderido" a ele; num já não estar quase sob o tempo, mas nele.

Se este esforço não pode ser desenvolvido pelo trabalhador social reacionário, deve ser uma preocupação constante do que se compromete com a mudança. Daí que seu papel seja diferente e que seus métodos de ação não possam confundir-se com aqueles recém-referidos, característicos da posição reacionária.

Se o primeiro, proclamando a inexistente neutralidade de seu quefazer, entretém os indivíduos, os grupos e as comunidades com formas de ação puramente anestésicas, o que opta pela mudança se empenha em desvelar a realidade. Trabalha *com*, jamais *sobre*, os indivíduos, a quem considera sujeitos e não objetos, incidências de sua ação. Por isso mesmo é que, humilde e crítico, não pode aceitar a ingenuidade contida na "frase feita" e tão generalizada em que ele aparece como o "agente da mudança". Essa não é tarefa de alguns, mas de todos os que com ela realmente se comprometem.

O trabalhador social que opta pela mudança não teme a liberdade, não prescreve, não manipula. Mas, rejeitando a prescrição e a manipulação, rejeita igualmente o espontaneísmo.

É que ele sabe que todo empenho de transformação radical de uma sociedade implica a organização consciente das massas populares oprimidas e que essa organização demanda a existência de uma vanguarda lúcida. Se esta, de um lado, não pode ser a "proprietária" daquelas, não pode, de outro, deixá-las entregues a si mesmas.

Seria, porém, uma ilusão pensar que o trabalhador social, numa linha como esta, pudesse agir livremente, como se os grupos dominantes não estivessem necessariamente despertos para a defesa de seus interesses. Em função destes é que são admitidas certas mudanças, de caráter obviamente reformistas e, mesmo assim, com a devida cautela.

Daí a necessidade que tem o trabalhador social de conhecer a realidade em que atua, o sistema de forças que enfrenta, para conhecer também o seu "viável histórico". Em outras palavras, para conhecer o que pode ser feito, em um momento dado, pois que se faz o que se pode e não o que se gostaria de fazer.

Isso significa ter uma compreensão clara das relações entre tática e estratégia, nem sempre, infelizmente, seriamente consideradas.

Santiago, 1968

Ação cultural para a libertação[22]

[22] Escrito em fins de 1969, em Cambridge, Estados Unidos, este trabalho foi publicado, pela primeira vez, na *Harvard Educational Review*, em 1970.

Parte I

O processo de alfabetização de adultos como ação cultural para a libertação

a) Toda prática educativa implica uma concepção dos seres humanos e do mundo

A experiência nos ensina que nem todo óbvio é tão óbvio quanto parece. Assim, é com uma obviedade que começamos este trabalho: toda prática educativa envolve uma postura teórica por parte do educador. Essa postura, em si mesma, implica — às vezes mais, às vezes menos explicitamente — uma concepção dos seres humanos e do mundo. E não poderia deixar de ser assim. É que o processo de orientação dos seres humanos no mundo envolve não apenas a associação de imagens sensoriais, como entre os animais, mas, sobretudo, pensamento-linguagem; envolve desejo, trabalho-ação transformadora sobre o mundo, de que resulta o conhecimento do mundo transformado. Este processo de orientação dos seres humanos no mundo não pode ser compreendido, de um lado, de um ponto de vista puramente subjetivista; de outro, de um ângulo objetivista mecanicista. Na verdade, esta orientação no mundo só pode ser realmente compreendida na unidade dialética entre subjetividade e objetividade. Assim entendida, a orientação no mundo põe a questão das finalidades da ação ao nível da percepção crítica da realidade.

Imersos no tempo, em seu mover-se no mundo, os animais não se assumem como presenças nele; não optam, no sentido rigoroso da expressão, nem valoram. Seres históricos, inseridos no tempo e não imersos nele, os seres humanos se movem no mundo, capazes de optar, de decidir, de valorar. Têm o sentido do projeto, em contraste com os outros animais, mesmo quando estes vão mais além de uma rotina puramente instintiva.

Daí que a ação humana, ingênua ou crítica, envolva finalidades, sem o que não seria práxis, ainda que fosse orientação no mundo. E não sendo práxis seria ação que ignoraria seu próprio processo e seus objetivos.

A relação entre a consciência do projeto proposto e o processo no qual se busca sua concretização é a base da ação planificada dos seres humanos, que implica métodos, objetivos e opções de valor.

A alfabetização de adultos deve ser vista, analisada e compreendida desta forma. O analista crítico descobrirá nos métodos e nos textos usados pelos educadores opções valorativas que revelam uma filosofia do ser humano, bem ou mal esboçada, coerente ou incoerente, assim como uma opção política, explícita ou disfarçada. Somente uma mentalidade mecanicista, que Marx chamaria de "grosseiramente materialista", poderia reduzir a alfabetização de adultos a uma ação puramente técnica. Esta mentalidade ingênua não seria capaz, por outro lado, de perceber que a técnica, em si mesma, como instrumento de que se servem os seres humanos em sua orientação no mundo, não é neutra.

Mais de uma vez temos dedicado nossa atenção, através da análise de textos e procedimentos usados em campanhas de alfabetização, para demonstrar as afirmações que estamos fazendo. Façamos um exercício similar agora.

Tomemos como hipótese de trabalho duas cartilhas empregadas como textos básicos, no esforço de alfabetização. Uma que, do ponto de vista do gênero, poderíamos considerar má e outra que, do mesmo ângulo, seria boa. Suponhamos que o autor da "boa" cartilha fez a seleção de suas palavras geradoras dando prioridade àquelas que têm maior significação para um certo grupo de alfabetizandos (prática não muito comum, mas de que há exemplos).

Indubitavelmente tal autor terá ido muito mais longe do que seu colega que preparou sua cartilha com palavras geradoras escolhidas em sua biblioteca, exclusivamente preocupado com a gradação das dificuldades fonéticas. Ambos os autores, porém, se identificam num ponto fundamental. Em cada caso, eles mesmos são os que, decompondo as palavras geradoras em sílabas, criam, com estas, novas palavras com as quais formam frases e sentenças e, pouco a pouco, pequenas estórias, as assim chamadas "lições de leitura".

Digamos mesmo que o autor da segunda cartilha, indo um pouco mais longe, sugere aos alfabetizadores que discutam com os alfabetizandos sobre uma ou outra palavra geradora, bem como sobre um ou outro dos pequenos textos de leitura de sua cartilha.

Considerando qualquer um dos dois exemplos aqui tratados, podemos concluir, legitimamente, que há implícita, no conteúdo e método das cartilhas, uma certa visão dos seres humanos, não importa se os autores estão conscientes disso ou não. Esta visão pode ser construída desde vários ângulos. Comecemos pelo fato, inerente à ideia mesma de cartilha, de que é o seu autor ou autora o/a que escolhe as palavras geradoras e, através dos alfabetizadores, as propõe ou impõe aos alfabetizandos. Na medida em que, através da mediação da cartilha, os alfabetizadores vão "depositando" nos alfabetizandos as palavras geradoras, pode-se facilmente detectar uma primeira importante dimensão da imagem de ser humano que começa a emergir desta análise. É um perfil de ser humano cuja consciência, "especializada" e "vazia", deve ser "enchida" para que possa conhecer. É a mesma concepção que levou Sartre, criticando a noção de que "conhecer é comer", a exclamar em *Situations I*: *Oh! philosophie alimentaire!*

Esta concepção "digestiva" do conhecimento, tão comum na prática educacional corrente, se encontra claramente nas cartilhas.[23]

Os analfabetos são considerados "subnutridos", não no sentido real em que muitos o são, mas porque lhes falta o "pão do espírito". A compreensão do analfabetismo como "erva daninha" que deve ser "erradicada" tem que ver com a visão do conhecimento como algo a ser comido. É necessário erradicar o analfabetismo e, para fazê-lo, urge que os alfabetizandos se "alimentem" de palavras.

---

[23] O chamado "controle de leitura"; as aulas verbosas; a memorização de diálogos no aprendizado de línguas; as relações bibliográficas que indicam o capítulo e até as linhas, de tal palavra a tal outra, que devem ser lidos; certos métodos de avaliação da aprendizagem dos estudantes revelam esta concepção "nutricionista" do conhecimento.

Desta forma, esvaziada de seu caráter de signo linguístico, constitutivo do pensamento-linguagem dos seres humanos, a palavra é transformada em mero "depósito vocabular" — o "pão do espírito", que os alfabetizandos devem comer e digerir.

Esta visão "nutricionista" do conhecimento talvez explique também o caráter humanitarista de certas campanhas latino-americanas de alfabetização. Se milhões de homens e mulheres estão analfabetos, "famintos de letras", "sedentos de palavras", a palavra deve ser levada a eles e elas para matar a sua "fome" e sua "sede". Palavra que, de acordo com a concepção "especializada" e mecânica da consciência, implícita nas cartilhas, deve ser "depositada" e não nascida do esforço criador dos alfabetizandos.

Numa tal concepção é evidente que os alfabetizandos sejam vistos como puros objetos do processo de aprendizagem da leitura e da escrita, e não como seus sujeitos. Enquanto objetos, sua tarefa é "estudar", quer dizer, memorizar as assim chamadas lições de leitura, de caráter alienante, com pouquíssimo que ver, quando têm, com a sua realidade sociocultural.

Seria, na verdade, um trabalho interessante analisar cartilhas e textos de leitura usados em campanhas ou movimentos de alfabetização de adultos, oficiais ou não, em áreas rurais ou urbanas, da América Latina. Facilmente se surpreenderia o caráter ideológico desses textos, mascarado de uma neutralidade que de fato não existe. Em uma análise como esta, sem dificuldade, se encontrariam frases e pequenas estórias como as que se seguem:

A asa é da ave.
Eva viu a uva.
O galo canta.
O cachorro ladra.
Maria gosta dos animais.
João cuida das árvores.

O pai de Carlinhos se chama Antônio.

Carlinhos é um menino bom, bem-comportado e estudioso.

Se você trabalha com martelo e prego, tenha cuidado para não furar o dedo.[24]

Pedro não sabia ler. Pedro vivia envergonhado. Um dia, Pedro foi à escola e se matriculou num curso noturno. A professora de Pedro era muito boa. Pedro agora já sabe ler, por isso, está feliz.

Vejam a cara de Pedro. Pedro está sorrindo.

Já tem um bom emprego. Todos devem seguir o seu exemplo.

Ao afirmar-se que Pedro está sorrindo porque já sabe ler e que é feliz porque tem agora um bom emprego e que é um exemplo a ser seguido por todos, se estabelece no texto citado uma relação, na verdade inexistente, entre o fato de simplesmente saber ler e obter um bom emprego. Esta ingenuidade — quando se trata realmente de ingenuidade — revela a incapacidade de percepção do analfabetismo em suas implicações políticas e sociais, de

[24] Aqui, talvez o autor devesse ter acrescentado: "Se porém isto ocorrer, ponha mercurocromo."

que resulta a sua redução a algo estritamente linguístico. Daí que, numa tal perspectiva, não se apreendam as relações entre o analfabetismo e as estruturas da sociedade. É como se o analfabetismo fosse um fenômeno aparte da realidade concreta ou a expressão da inferioridade intrínseca de certas classes ou grupos sociais.

Incapaz de apreender o analfabetismo contemporâneo diretamente ligado à realidade da dependência, este enfoque não pode dar uma resposta crítica ao desafio que ele coloca.

A mera aprendizagem da leitura e da escrita não faz milagres.

Não é ela, em si mesma, a que cria empregos.

Um desses manuais[25] apresenta em suas "lições de leitura" dois textos, em páginas consecutivas, mas sem nenhuma referência explícita ao conteúdo dos mesmos. Numa página se fala do 1° de maio, enfatizando-se o caráter de dia feriado que ele tem. Toca-se, de leve, nas comemorações em que ele implica, mas não se menciona a natureza do conflito que gerou essa celebração.

O tema central da "lição" seguinte é feriado. Entre outras coisas se diz que, em dias feriados, as pessoas devem ir à praia para nadar e bronzear-se... Portanto, se o 1° de maio é um dia feriado e se nos dias feriados o povo deve ir à praia para nadar e bronzear-se, a conclusão insinuada no texto é a de que os trabalhadores, no Dia do Trabalho, devem ir nadar e queimar-se ao sol...

---

[25] As frases e pequenas estórias que transcrevemos, talvez com alguma imprecisão, as temos de memória. Faltam-nos, no momento, as cartilhas e os livros de leitura em que as encontramos. Esta é a razão por que não fazemos referência a seus títulos bem como aos nomes de seus autores.

A análise destes textos revela, não importa se seus autores são ingênuos ou astutos, a ideologia da classe dominante que tem, na educação por ela posta em prática, um instrumento eficiente para sua reprodução.

A asa é da ave. Eva viu a uva, o galo canta, o cachorro ladra, são contextos linguísticos que, mecanicamente memorizados e repetidos, esvaziados de seu conteúdo enquanto pensamento-linguagem referido ao mundo, se transformam em meros clichês.

Seus autores, refletindo sua posição de classe, não podem reconhecer, nas classes dominadas, a capacidade de conhecer, de criar seus próprios textos, com que expressariam seu pensamento-linguagem. Repetem com os textos o que fazem com as palavras, depositando-os na consciência dos alfabetizandos, como se esta fosse um espaço vazio. Uma vez mais, a concepção nutricionista do conhecimento.

Há algo ainda implícito na ideologia das classes dominantes e que a análise de cartilhas e livros de leitura revela — o perfil dos analfabetos como seres marginais. Aqueles que consideram os analfabetos como seres marginais devem, porém, reconhecer a existência de uma realidade de que eles se encontram marginalizados — realidade que não é apenas um espaço físico, mas econômico, histórico, social, cultural. Desta maneira, os analfabetos têm de ser reconhecidos como seres "fora de" ou "marginais a" alguma coisa, pois que seria impossível estarem marginais a nada. Mas estar "fora de" implica que, quem se encontra "fora de" fez um movimento do centro onde se achava para a periferia. Admitindo a existência de homens e mulheres "fora de", marginais à estrutura da sociedade, parece legítimo perguntar: quem é o autor deste movimento? Será que os chamados marginais, entre eles os analfabetos, tomam a decisão de mover-se até a "periferia" da sociedade? Se assim é, a marginalidade é uma opção, com tudo o que ela envolve: fome, doença, raquitismo, baixos índices de expectativa de vida, crime, promiscuidade, morte em vida, impossibilidade de ser, desesperança.

De fato, porém, é difícil aceitar que 40% da população brasileira, quase 90% da do Haiti, 60% da de Bolívia, em torno de 40% da do Peru, mais de 30% da do México e da Venezuela e ao redor de 70% da de Guatemala, tivesse feito a trágica escolha de sua marginalidade, como analfabeta.[26]

Se então a marginalidade não é uma opção, os chamados marginais foram expulsos, objetos, portanto, de uma violência. Na verdade, violentados, não se acham porém "fora de". Encontram-se dentro da realidade social, como grupos ou classes dominadas, em relação de dependência com a classe dominante.

Em uma perspectiva menos rigorosa, simplista, menos crítica, tecnicista, se diria que é uma perda de tempo refletir sobre estes pontos e se acrescentaria que a discussão em torno do conceito de marginalidade é um exercício acadêmico desnecessário. Na verdade, não é assim. Aceitando-se os analfabetos como homens e mulheres à margem da sociedade, sem compreendê-los como classe dominada, termina-se por tomá-los como homens e

---

[26] Unesco, *La situación educativa en América Latina*, quadro 20, p. 263. Paris, 1960.

mulheres "enfermos" para quem o "remédio" seria a alfabetização, que permitiria seu regresso à estrutura "saudável" de que se encontram separados.

Os educadores, por sua vez, serão vistos como conselheiros humanitários, infatigáveis nas suas andanças pelos arredores da cidade, convencendo os pertinazes analfabetos de que devem voltar ao seio da felicidade abandonada, de posse da palavra que os educadores lhes "presenteiam".

Analfabetos ou não, os oprimidos, enquanto classe, não superarão sua situação de explorados a não ser com a transformação radical, revolucionária, da sociedade de classes em que se encontram explorados.

Deste ponto de vista, já não são tomados como homens e mulheres marginais, mas como classe dominada em relação antagônica, na intimidade mesma da sociedade, com a classe dominante que os reduz a quase coisas. Assim, também, o ensino da leitura e da escrita já não é a repetição mecânica de ba-be-bi-bo-bu nem a memorização de uma palavra alienada, mas a difícil aprendizagem de "nomear" o mundo.

Na primeira hipótese, o processo de alfabetização reforça a mitificação da realidade, fazendo-a opaca e embotando a consciência dos educandos com palavras e frases alienadas.

No segundo caso, pelo contrário, o processo de alfabetização, como ação cultural para a libertação, é um ato de conhecimento em que os educandos assumem o papel de sujeitos cognoscentes em diálogo com o educador, sujeito cognoscente também. Por isso, é uma tentativa corajosa de desmitologização da realidade, um esforço através do qual, num permanente tomar distância da realidade em que se encontram mais ou menos imersos, os alfabetizandos dela emergem para nela inserirem-se criticamente.

Tão política quanto a ação desenvolvida na primeira hipótese, a segunda se distingue da primeira porque sua política é a da classe dominada, enquanto a daquela é a da classe dominante. Daí que, no primeiro caso, tudo se faça para evitar que os alfabetizandos desenvolvam a consciência crítica de si em suas relações com a realidade e, no segundo, tudo deva ser feito para que os alfabetizandos se assumam como "classe para si". A consciência crítica dos oprimidos significa, pois, consciência de si, enquanto "classe para si".

Por isso também é que, no primeiro caso, a alfabetização, mesmo feita em amplas "campanhas" ou "movimentos", jamais se faz numa linha de massas em que estas, mobilizadas, organizam-se e organizam o processo de sua aprendizagem.

O educador que faz a segunda opção, sobretudo se é um intelectual pequeno-burguês, deve esforçar-se, cada vez mais, por iluminar sua ação na sua prática com as massas populares, com quem tem muito o que aprender. Só assim se tornará verdadeiramente capaz de assumir o papel de um dos sujeitos desta ação e manter-se coerente com a opção que fez.

b) O processo de alfabetização de adultos como um ato de conhecimento

Para ser um ato de conhecimento, o processo de alfabetização de adultos demanda, entre educadores e educandos, uma relação de autêntico diálogo. Aquela em que os sujeitos do ato de conhecer (educador-educando; educando-educador) se encontram mediatizados pelo objeto a ser conhecido. Nesta perspectiva, portanto, os alfabetizandos assumem, desde o começo mesmo da ação, o papel de sujeitos criadores. Aprender a ler e escrever já não é, pois, memorizar sílabas, palavras ou frases, mas refletir criticamente sobre o próprio processo de ler e escrever e sobre o profundo significado da linguagem.

Assim como não é possível linguagem sem pensamento e linguagem-pensamento sem o mundo a que se referem, a palavra humana é mais que um mero vocábulo — é palavração.

Enquanto ato de conhecimento, a alfabetização, que leva a sério o problema da linguagem, deve ter como objeto também a ser desvelado as relações dos seres humanos com seu mundo.

A análise destas relações começa a aclarar o movimento dialético que há entre os produtos que os seres humanos criam ao transformarem o mundo e o condicionamento que esses produtos exercem sobre eles. Começa a aclarar, igualmente, o papel da prática na constituição do conhecimento e, consequentemente, o rol da reflexão crítica sobre a prática. A unidade entre prática e teoria, ação e reflexão, subjetividade e objetividade, vai sendo compreendida, em termos corretos, na análise daquelas relações antes mencionadas.

Aprender a ler e escrever se faz assim uma oportunidade para que mulheres e homens percebam o que realmente significa *dizer a palavra*: um comportamento humano que envolve ação e reflexão. Dizer a palavra, em um sentido verdadeiro, é o direito de expressar-se e expressar o mundo, de criar e recriar, de decidir, de optar. Como tal, não é o privilégio de uns poucos com que silenciam as maiorias. É exatamente por isso que, numa sociedade de classes, seja fundamental à classe dominante estimular o que vimos chamando de cultura do silêncio, em que as classes dominadas se acham semimudas ou mudas, proibidas de expressar-se autenticamente, proibidas de ser.

Os analfabetos sabem que são seres concretos. Sabem que fazem coisas. Mas o que às vezes não sabem, na cultura do silêncio, em que se tornam ambíguos e duais, é que sua ação transformadora, como tal, os caracteriza como seres criadores e recriadores. Submetidos aos mitos da cultura dominante, entre eles o de sua "natural inferioridade", não percebem, quase sempre, a significação real de sua ação transformadora sobre o mundo. Dificultados em reconhecer a razão de ser dos fatos que os envolvem, é natural que muitos, entre eles, não estabeleçam a relação entre não "ter voz", não "dizer a palavra", e o sistema de exploração em que vivem.

Gostaríamos de salientar que toda tentativa de desenvolver um tal reconhecimento fora da práxis, fora da ação e da reflexão, nos pode conduzir a puro idealismo. Mas, por outro lado, é verdade também que toda ação sobre um objeto deve ser criticamente analisada no sentido de compreender-se não apenas o objeto, mas também a percepção que dele se tinha ou se tem ao atuar-se sobre ele. O ato de conhecer envolve um movimento dialético que vai da ação à reflexão sobre ela e desta a uma nova ação. Para o educando conhecer o que antes não conhecia, deve engajar-se num autêntico processo de abstração por meio do qual reflete sobre a totalidade "ação-objeto" ou, em outras palavras, sobre formas de "orientação no mundo". Este processo de abstração se dá na medida em que se lhe apresentam situações[27] representativas da maneira como o educando "se orienta no mundo" — momentos de sua quotidianeidade — e se sente desafiado a analisá-las criticamente.

Ao ser uma reflexão crítica de ambos, educador-educando e educando-educador, o processo de alfabetização deve relacionar o ato de transformar o mundo com o ato de "pronunciá-lo".

Não há "pronúncia" do mundo sem consciente ação transformadora sobre o mesmo. "Ação consciente" a que Marx várias vezes se referiu. Mas é necessário sublinhar-se, também, que há diferentes maneiras de "pronunciar o mundo". A das classes dominantes, que determina o silêncio das classes dominadas ou a aparência de sua voz, na sua recuperação por aquelas, e a das classes dominadas, que demanda sua organização revolucionária para a abolição das estruturas de opressão.

[27] O autor se refere a "codificações". [N.E.]

A percepção de tudo isto é indispensável aos alfabetizandos, se nossa opção é realmente libertadora. Tal percepção os ajuda a rejeitar o perfil que deles fazem as classes dominantes como "marginais" e a encarnar-se como classe dominada, cuja tarefa não se esgota em serem mecanicamente alfabetizados, mas lhes impõe o dever de "pronunciar o mundo" à sua maneira.

Por outro lado, a alfabetização, como um ato de conhecimento, pressupõe uma teoria do conhecimento e um método que corresponde a essa teoria.

Reconhecemos a indiscutível unidade entre subjetividade e objetividade no ato de conhecer. A realidade concreta nunca é, apenas, o dado objetivo, o fato real, mas também a percepção que dela se tenha. Esta não é uma afirmação idealista, como poderia parecer. Idealismo existiria se, rompendo a unidade dialética subjetividade-objetividade, submetêssemos esta aos caprichos daquela.

Como um ato de conhecimento, o processo de alfabetização implica a existência de dois contextos dialeticamente relacionados. Um é o contexto do autêntico diálogo entre educadores e educandos, enquanto sujeitos de conhecimento. É o contexto teórico. O outro é o contexto concreto, em que os fatos se dão — a realidade social em que se encontram os alfabetizandos.

No contexto teórico, "tomando-se distância" do concreto, se analisam criticamente os fatos que neste se dão. Esta análise envolve o exercício da abstração através da qual, por meio de representações da realidade concreta, procuramos alcançar a razão de ser dos fatos. O meio de que nos servimos em nossa prática para operar tal abstração é a codificação ou a representação de situações existenciais dos educandos.

A codificação, de um lado, faz a mediação entre o contexto concreto e o teórico; de outro, como objeto de conhecimento, mediatiza os sujeitos cognoscentes que buscam, em diálogo, desvelá-la. Por isso é que, sendo o selo do ato cognoscente, o diálogo não tem nada que ver, de um lado, com o monólogo do educador "bancário"; de outro, com o silêncio espontaneísta de certo tipo de educador liberal. O diálogo engaja ativamente a ambos os sujeitos do ato de conhecer: educador-educando e educando-educador.

A codificação, mesmo quando puramente pictórica, é um "discurso" a ser "lido" por quem procura decifrá-la. Como tal, apresenta o que Chomsky chama de "estrutura de superfície" e "estrutura profunda". A "estrutura de superfície" explicita os elementos constitutivos da codificação de maneira puramente taxionômica.

O primeiro momento da descodificação — ou "leitura" — é descritivo. A este nível, os "leitores" — descodificadores — narram mais do que analisam, alinham as diferentes categorias constitutivas da codificação.

Suponhamos, por exemplo, a codificação de uma situação de trabalho no campo. A "estrutura de superfície" desta codificação seria representada por diferentes dados: a presença de mulheres e de homens trabalhando com alguns instrumentos; a figura do patrão, no seu cavalo; árvores, pássaros, animais etc. O primeiro momento da "leitura" ou descodificação se centra na descrição daqueles dados.

"Vemos dois homens e três mulheres trabalhando. O patrão olha eles de seu cavalo. Lá longe tem umas árvores.

Tem também uns passarinhos nos galhos. E animal pastando. O céu escuro indica chuva" etc.

Esta aproximação preliminar à "estrutura de superfície" é seguida pela problematização da situação codificada, com que se chega ao segundo e fundamental momento da descodificação. É neste momento que se pode alcançar a compreensão da "estrutura profunda" da codificação, que abre possibilidades a análises críticas em torno da realidade codificada.

Assim, se no primeiro momento, o que se faz é preponderantemente mirar a codificação, no segundo, ela é "admirada". Naquele se diz apenas que há homens e mulheres trabalhando, que o patrão os observa de seu cavalo etc.; neste, se discute a significação do trabalho, as relações entre os trabalhadores e o patrão; o problema da produção, quem lucra com ela etc.

Na "estrutura profunda" desta codificação hipotética há um mundo de problemas a serem discutidos e que se encontram apontados na sua "estrutura de superfície". Isto é o que se dá com qualquer codificação que, ao ser bem descodificada, proporciona aos educandos um nível mais crítico de conhecimento de sua realidade, partindo da análise de seu contexto concreto.

Em nossa prática usamos codificações ora feitas por nós, ora pelos educandos; às vezes fotografias, às vezes desenhos; já um pequeno texto, já uma pequena dramatização em torno de um fato concreto.

O importante, qualquer que seja a forma que a codificação assuma — e há outras —, é que ela seja tomada, na verdade, como um objeto dc conhecimento. E que dela "tomando distância", no processo de sua descodificação, educador e educandos alcancem a compreensão de sua "estrutura profunda". Daí a necessidade de um máximo de cuidado durante a descodificação que, num momento, é a cisão que se faz da codificação em suas partes constitutivas, em outro, é a retotalização do que foi cindido. Neste esforço, os educandos, como sujeitos cognoscentes, percebem relações entre os fatos sobre que discutem que antes não percebiam.

A codificação, em última análise, no contexto teórico, transforma a quotidianeidade que ela representa num objeto cognoscível. Desta forma, em lugar de receberem uma explicação em torno deste ou daquele fato, os educandos analisam, com o educador, aspectos de sua própria prática, em suas implicações mais diversas. Neste sentido, nos Círculos de Cultura, os alfabetizandos se engajam na prática da teoria de sua prática. E é pensando sobre sua prática, em termos cada vez mais críticos, que os educandos vão substituindo a visão focalista da realidade por outra, global.

Do ponto de vista da teoria do conhecimento que aqui defendemos, isto significa que o dinamismo entre a codificação de situações existenciais e sua descodificação compromete os educandos num permanente processo de admirar sua anterior admiração da realidade.

"Ad-mirar" e "ad-miração" não têm aqui sua significação usual. Ad-mirar é objetivar um "não eu". É uma operação que, caracterizando os seres humanos como tais, os distingue do outro animal. Está diretamente ligada à sua prática consciente e ao caráter criador de sua linguagem. Ad-mirar implica pôr-se em face do "não eu", curiosamente, para compreendê-lo. Por isso, não há ato de conhecimento sem admiração do objeto a ser conhecido. Mas se o ato de conhecer é um processo — não há conhecimento acabado — ao buscar conhecer ad-miramos não apenas a objeto, mas também a nossa admiração anterior do mesmo objeto. Quando ad-miramos nossa anterior ad-miração (sempre uma ad-miração de) estamos simultaneamente admirando o ato de ad-mirar e o objeto ad-mirado, de tal modo que podemos superar erros ou equívocos possivelmente cometidos na ad-miração passada. Essa read-miração nos leva à percepção da percepção anterior. Talvez não seja demasiado insistir em que este esforço, desenvolvido no contexto teórico, se esvazia, se se rompe a unidade dialética entre esse contexto e o contexto concreto. Em outras palavras, se se rompe a unidade dialética entre prática e teoria.

No processo de descodificar representações de sua situação existencial e de perceber sua percepção anterior dos mesmos fatos, os alfabetizandos, gradualmente, às vezes hesitante e timidamente, começam a questionar a opinião que tinham da realidade e a vão substituindo por um conhecimento cada vez mais crítico da mesma.

Suponhamos que propuséssemos a indivíduos de grupos ou classes dominadas codificações que mostrassem sua tendência[28] a seguir os modelos culturais dos dominadores (tendência que têm os dominados em certo momento de suas relações com os dominadores). É possível que

[28] A este propósito, cf. Frantz Fanon, *Os condenados da terra*. Rio de Janeiro: Civilização Brasileira, 1979; e Albert Memmi, *Retrato do colonizado precedido pelo retrato do colonizador*. Rio de Janeiro: Paz e Terra, 1977.

resistissem às codificações, considerando-as falsas, talvez mesmo ofensivas. Na medida, porém, em que se aprofundassem em sua análise, começariam a perceber que sua aparente imitação dos modelos do dominador é o resultado da introjeção daqueles modelos e, sobretudo, dos mitos sobre a pseudossuperioridade das classes dominantes a que corresponde a pseudoinferioridade dos dominados. Assim, o que, de fato, é introjeção, aparece, numa análise ingênua, como se fosse pura imitação. Basicamente, como tentei aclarar em *Pedagogia do oprimido*, quando certos setores das classes dominadas reproduzem o estilo de vida das classes dominantes, é que estas se encontram na "intimidade" do ser daquelas. Os oprimidos extrojetam aos opressores quando, tomando distância deles, os objetivam. Identificando-os, reconhecem-nos, então, como seus antagonistas.[29]

Na medida, porém, em que a introjeção dos valores dominadores não é um fenômeno individual mas social e cultural, sua extrojeção, demandando a transformação revolucionária das bases materiais da sociedade, que fazem possível tal fenômeno, implica também uma certa forma de ação cultural. Ação cultural através da qual se enfrenta, culturalmente, a cultura dominante. Os oprimidos precisam expulsar os opressores não apenas enquanto presenças físicas, mas também enquanto sombras míticas, introjetadas neles. A ação cultural e a revolução cultural, em diferentes momentos do processo de libertação, que é permanente, facilitam esta extrojeção.

Os educandos necessitam descobrir o que há por trás de muitas de suas atitudes em face da realidade cultural para assim

[29] A este respeito, cf. Frantz Fanon, op. cit.

enfrentá-la de forma diferente. A admiração de sua anterior admiração da realidade é necessária para que isto se faça.

A capacidade que têm os educandos de conhecer em termos críticos — de ir mais além da mera opinião — se vai estimulando no processo de desvelamento de suas relações com o mundo histórico-cultural. Mundo de que os seres humanos são os criadores.

Não queremos com isso dizer — e temos sido bastante reiteradores neste trabalho — que o conhecimento crítico das relações seres humanos-mundo surja como resultado de um jogo intelectualista. Como algo que se constituísse fora da prática. A prática está compreendida nas situações concretas que são codificadas para serem submetidas à análise crítica. Analisar a codificação em sua "estrutura profunda" é, por isso mesmo, repensar a prática anterior e preparar-se para uma nova e diferente prática, se este for o caso. Daí a necessidade, antes referida, de jamais romper-se a unidade entre o contexto teórico e o contexto concreto, entre teoria e prática.

Evidentemente, naquele contexto, ao propor-se aos educandos a análise de sua prática anterior, implícita na codificação, o educador não poder furtar-se, em determinados momentos, de informar. E não pode na medida mesma em que conhecer não é adivinhar. O fundamental, porém, é que a informação seja sempre precedida e associada à problematização do objeto em torno de cujo conhecimento ele dá esta ou aquela informação. Desta forma, se alcança uma síntese entre o conhecimento do educador, mais sistematizado, e o conhecimento do educando, menos sistematizado — síntese que se faz através do diálogo.

A responsabilidade do educador, numa perspectiva como esta, é, então, maior que a de seu colega, cuja tarefa se reduz à transferência de informações a serem memorizadas pelos educandos. Tal educador — o transmissor de informações — pode simplesmente repetir o que leu e às vezes nem sequer entendeu bem, uma vez que para ele (ou ela) a educação não é um verdadeiro ato de conhecimento.

O primeiro tipo de educador, pelo contrário, é um sujeito de conhecimento, face a face com outros sujeitos de conhecimento. Jamais pode ser um memorizador, mas alguém que constantemente refaz sua capacidade de conhecer no exercício que desta mesma capacidade fazem os educandos. Para ele a educação envolve sempre uma certa teoria do conhecimento posta em prática. Ele sabe, porém, que nem todo diálogo é, em si, a marca de uma relação de verdadeiro conhecimento.

O intelectualismo socrático — que tomava a definição do conceito como o conhecimento da coisa definida e o conhecimento mesmo como virtude — não constituía uma verdadeira pedagogia do conhecimento, mesmo que fosse dialógica. A teoria platônica do diálogo não conseguiu ir muito mais além de Sócrates, ainda que, para Platão, a *prise de conscience* fosse uma das condições necessárias ao ato de conhecimento e que alcançar a verdade implicasse a superação da *doxa* pelo *logos*.

Para Platão, porém, a *prise de conscience* não se referia ao que os seres humanos soubessem ou não soubessem equivocadamente em torno de suas relações dialéticas com o mundo. Tinha que ver com o que os seres humanos um dia souberam e de que se esqueceram ao nascer. Conhecer era, pois, relembrar ou recuperar um conhecimento olvidado. A apreensão da *doxa* e do *logos* e a superação daquela por este não se dava na compreensão dialética das relações seres humanos-mundo, mas no esforço de recordar um *logos* esquecido.

Para que o diálogo seja o selo do ato de um verdadeiro conhecimento, é preciso que os sujeitos cognoscentes tentem apreender a realidade cientificamente no sentido de descobrir a razão de ser da mesma — o que a faz ser como está sendo. Assim, conhecer não é relembrar algo previamente conhecido e agora esquecido. Nem a *doxa* pode ser superada pelo *logos* fora da prática consciente dos seres humanos sobre a realidade.

Para ser um ato de conhecimento, o processo de alfabetização de adultos deve, de um lado, necessariamente, envolver as massas populares num esforço de mobilização e de organização em que elas se apropriam, como sujeitos, ao lado dos educadores, do próprio processo. De outro, deve engajá-las na problematização permanente de sua realidade ou de sua prática nesta.

As codificações, através de que se faz a problematização da realidade, trazem em si a palavra geradora a elas referida ou a algum de seus aspectos.

Uma investigação preliminar nos oferece o "universo linguístico mínimo" dos alfabetizandos, do qual retiramos as palavras geradoras com que se organiza o programa.

As palavras são escolhidas,

a) em função de seu conteúdo pragmático, enquanto signos linguísticos que correspondem a um entendimento comum numa área de uma cidade, numa região de um país (nos Estados Unidos, por exemplo, a palavra *soul*, alma, tem uma significação especial entre as populações negras), e
b) em função de suas dificuldades fonéticas que devem ser propostas, gradualmente, aos alfabetizandos.

Finalmente, é interessante que a primeira palavra geradora seja trissilábica. É que, ao ser decomposta em sílabas, constituindo cada uma delas uma família silábica, oferece aos alfabetizandos a possibilidade de experimentar várias combinações, na sua primeira intimidade com a palavra escrita.

Escolhidas as dezessete palavras geradoras, o passo seguinte será codificar dezessete situações familiares aos alfabetizandos. Não será demasiado reafirmar que as palavras geradoras devem ser introduzidas nas codificações, obedecendo-se à gradação de suas dificuldades fonéticas.

Estas codificações, sublinhemos uma vez mais, são objetos de conhecimento que, nos Círculos de Cultura — contextos teóricos —, se dão ao desvelamento dos sujeitos cognoscentes — educador-educando, educando-educador.

No Brasil, antes de ser iniciado o trabalho de descodificação das situações concretas em que se achavam as palavras geradoras, propúnhamos uma série de outras codificações, cuja análise tornava possível a compreensão das relações seres humanos-mundo.[30]

No Chile, de modo geral, os alfabetizandos exigiam que se começasse imediatamente a trabalhar com as palavras. Esta reação levou os educadores chilenos a propor a discussão em torno das relações seres humanos-mundo, quando da descodificação de situações a que já se ligava uma palavra geradora. O fundamental é que esta análise seja feita, não importa se no começo, como no caso brasileiro, ou se durante o processo da alfabetização. Análise que, partindo das relações entre os seres humanos e o mundo natural, se estende ao mundo da cultura e da história, à compreensão da realidade social dos alfabetizandos.

Assim, se a palavra *favela*, no caso brasileiro, e a palavra *callampa*, no chileno, são palavras geradoras em áreas faveladas ou *callamperas* nesses países, é óbvio que as codificações em que devem estar postas devam representar aspectos da realidade favelada.

A análise das relações entre os seres humanos e o mundo leva necessariamente à reflexão sobre a maneira de se estar sendo numa favela ou *callampa*.

Em nossa experiência observamos, não raras vezes, como, no processo de descodificação de uma situação de favela, a análise aprofundada da situação ia fazendo possível a sobrepassagem de um estado de percepção no qual — poderíamos dizer com uma metáfora que talvez não expresse bem o que queremos descrever — os favelados se achavam "assumidos" pela situação, por um outro em que eles a "assumiam". Esta análise por parte

[30] A este propósito, cf. Paulo Freire, *Educação como prática da liberdade*. [N.E.]

dos favelados reflete, naturalmente, aspectos da ideologia das classes dominantes introjetados por eles, mas também algo fundamental que lhes pertence e em que se amuralham instintivamente para defender-se e preservar-se. Suas atividades noturnas, seus bailes, sua música, o uso do corpo, seus gestos, sua maneira de andar, de vestir, suas crenças, sua ironia, seu humor, seus códigos de companheirismo, sua forma de "desapertar-se" de situações difíceis, sua semântica, sua sintaxe, tudo isso constitui sua linguagem, como "linguagem total", e são valores que compõem aquela muralha e que, mesmo tocados pela ideologia dominante, não se entregam totalmente a ela.

Não queremos dizer, contudo, que não haja debilidades neste universo cultural, que deve ser compreendido em sua relação dialética com o dominante, e não simétrica. Debilidades que devem igualmente ser problematizadas.

O Movimento Independente Revolucionário — MIR — no Chile foi bastante lúcido para perceber o potencial revolucionário dessas populações ditas "marginais".

Estamos convencidos, não por ouvir dizer, mas por nossa prática e pelas observações de outras práticas, das consequências positivas inegáveis de um esforço paciente — a paciência também uma virtude revolucionária, que tem, como seu oposto, a impaciência revolucionarista — de capacitação política dessas populações, com que elas se assumam como classe.

Sem o conhecimento sério, responsável, de como essas populações transformam, na sua prática, sua fraqueza em força, é impossível uma comunicação válida com elas. Sem este conhecimento, o que fazemos, enquanto intelectuais pequeno-burgueses, é "invadi-las", em termos distintos da invasão que as classes dominantes já fazem, mas invasão sempre — uma espécie de "colonialismo revolucionário".

Àqueles e àquelas que veem essas populações como "naturalmente inferiores e incapazes" e atribuem a esta "inferioridade" todas as deficiências materiais que caracterizam uma favela, sugeriríamos que discutissem um dia com favelados sobre o que significa sua existência. Talvez alguns entre esses senhores e essas senhoras descobrissem afinal que, se há algo intrinsecamente mau, que deve ser radicalmente transformado e não simplesmente reformado, é o sistema capitalista mesmo, incapaz, ele sim, de resolver o problema com seus intentos "modernizantes".

Gostaríamos de salientar que esta visão ideológico-dominante é a mesma que se encontra na base do perfil que as sociedades metropolitanas fazem do Terceiro Mundo como um todo. Daí que o subdesenvolvimento apareça para muitos teóricos metropolitanos como expressão de atraso, de incapacidade. O Terceiro Mundo, como um mundo "marginal" — uma espécie de favela maior —, sem nenhuma viabilidade histórica própria e cuja "salvação" por isso mesmo se encontra em seguir, docilmente, os modelos estabelecidos de fora. Modelos de sociedades metropolitanas, no fundo, modelos das classes dominantes destas sociedades. Os interesses expansionistas destas classes, aos quais se atrelam os das classes dominantes das sociedades dependentes — Primeiro Mundo do Terceiro — estão implícitos nestas noções.

Assim, a "salvação" do Terceiro Mundo pelas classes dominantes das sociedades metropolitanas, através de todos os mecanismos demasiado conhecidos, significa a preservação de sua dependência por meio da modernização de suas estruturas. Por isso é que somente as classes e grupos dominados do Terceiro Mundo — verdadeiro Terceiro Mundo do Terceiro —, com uma vanguarda revolucionária lúcida, podem encarnar a utopia de sua libertação, o sonho possível de sua independência, de seu real desenvolvimento, que não tem nada que ver com a modernização capitalista.

Neste sentido, a pedagogia que defendemos, concebida na prática realizada numa área significativa do Terceiro Mundo, é, em si, uma pedagogia utópica. Utópica, não porque se nutra de sonhos impossíveis, porque se filie a uma perspectiva idealista, porque implicite um perfil abstrato de ser humano, porque pretenda negar a existência das classes sociais ou, reconhecendo-a, tente ser um chamado às classes dominantes para que, admitindo-se em erro, aceitem engajar-se na construção de um mundo de fraternidade.

Utópica porque, não "domesticando" o tempo, recusa um futuro pré-fabricado que se instalaria automaticamente, independente da ação consciente dos seres humanos.

Utópica e esperançosa porque, pretendendo estar a serviço da libertação das classes oprimidas, se faz e se refaz na prática social, no concreto, e implica a dialetização da denúncia e do anúncio, que têm na práxis revolucionária permanente o seu momento máximo.

Por isso, denúncia e anúncio, nesta pedagogia, não são palavras vazias, mas compromisso histórico. Por outro lado, a denúncia da sociedade de classes como uma sociedade de exploração de uma classe por outra exige um cada vez maior conhecimento científico de tal sociedade e, de outro, o anúncio da nova sociedade demanda uma teoria da ação transformadora da sociedade denunciada.

A denúncia e o anúncio tomam corpo quando as classes dominadas os assumem, assim como a teoria da ação transformadora — a teoria revolucionária — se efetiva quando é igualmente assumida por aquelas classes.

O caráter utópico desta pedagogia é tão permanente quanto a educação mesma. Seu mover-se entre a denúncia e anúncio não se esgota quando a realidade denunciada hoje cede seu lugar à nova, mais ou menos anunciada naquela denúncia.

É bem verdade, porém, que há uma diferença fundamental entre o ato da denúncia e do anúncio numa sociedade de classes e o mesmo ato numa sociedade que se refaz numa perspectiva socialista. De qualquer maneira, quando a educação já não é utópica, isto é, quando já não se faz na desafiante unidade da denúncia e do anúncio, é porque o futuro perde sua real significação ou porque se instala o medo de viver o risco do futuro como superação criadora do presente que envelhece.

Não há anúncio sem denúncia, assim como toda denúncia gera anúncio. Sem este, a esperança é impossível. Mas, numa autenticamente utópica, não há como falar em esperança se os braços se cruzam e passivamente se espera. Na verdade, quem espera na pura espera vive um tempo de espera vã. A espera só tem sentido quando, cheios de esperança, lutamos para concretizar o futuro anunciado, que vai nascendo na denúncia militante.

Não pode haver esperança verdadeira, também, naqueles que tentam fazer do futuro a pura repetição de seu presente, nem naqueles que veem o futuro como algo predeterminado. Têm ambos uma noção "domesticada" da história. Os primeiros, porque pretendem parar o tempo; os segundos, porque estão certos de um futuro já "conhecido". A esperança utópica, pelo contrário, é engajamento arriscado.

É por isso que as classes dominantes, que apenas podem denunciar a quem as denuncia e nada podem anunciar a não ser a preservação do *status quo*, não podem ser, jamais, utópicas nem proféticas.

Uma pedagogia utópica da denúncia e do anúncio tem de ser um ato de conhecimento da realidade denunciada, ao nível da alfabetização ou da post-alfabetização, enquanto ação cultural para a libertação. Daí a ênfase que damos à constante problematização da realidade concreta dos alfabetizandos, representada em situações codificadas. Quanto mais a problematização avança e os sujeitos descodificadores se adentram na "intimidade" do objeto problematizado, tanto mais se vão tornando capazes de desvelá-lo.

É preciso, contudo, fazer aqui dois comentários. Primeiro, que não têm sido raras as vezes, em nossa prática e na prática de outros, de que temos tido conhecimento, em que os participantes dos Círculos de Cultura resistem a reconhecer a situação codificada como expressão de sua realidade. E não porque a codificação seja, na verdade, estranha a ela, pelo contrário, recusam-na precisamente porque a reflete. Repete-se, em tais casos, a mesma resistência que ocorre no diálogo psicoterapêutico em que um dos polos se nega a tomar a sua alienação nas próprias mãos para analisá-la nas suas razões mais profundas. Em vez da "arqueologia" do sofrimento, prefere-se, assim, "soterrar" mais ainda o sofrimento.

Esta reação de rechaço, a que temos feito referência em outros trabalhos, começa às vezes no momento em que os descodificadores estão ainda ao nível da "estrutura de superfície" da codificação, em que simplesmente descrevem os elementos constitutivos da mesma e se reforça quando se tenta alcançar a codificação na sua "estrutura profunda". Esta recusa desaparece, porém, na medida em que os participantes se engajam numa forma de ação político-revolucionária. Aqui chegamos ao segundo comentário que gostaríamos de fazer. Repitamos a afirmação que está provocando estas considerações. Quanto mais a problematização avança e os sujeitos descodificadores se adentram na "intimidade" do objeto, tanto mais se vão tornando capazes de desvelá-lo. Este é um fato também, mais generalizado em nossa experiência do que a recusa anteriormente referida. Considerando, porém, que o ato de desvelar a realidade, indiscutivelmente importante, não significa o engajamento automático na ação transformadora da mesma, o problema que se nos apresenta é o de encontrarem cada realidade histórica, os caminhos de ida e volta entre o desvelamento da realidade e a prática dirigida no sentido de sua transformação.

Nestes caminhos de ida e volta é que se faz viável aos oprimidos assumirem-se como "classe para si", esperançosamente utópicos.

A conscientização se autentica nesta ida e volta que é, em última análise, a unidade dialética entre prática e teoria, em que aprendemos que a verdadeira paciência não se identifica, jamais, com a espera na pura espera. A verdadeira paciência, associada sempre à autêntica esperança, caracteriza a atitude dos que sabem que, para fazer o impossível, é preciso torná-lo possível. E a melhor maneira de tornar o impossível possível é realizar o possível de hoje.

Vista assim, a conscientização não vem antes ou depois da alfabetização. Ela se dá neste como na post-alfabetização ou em atividades de educação política envolvendo analfabetos e não necessariamente ligadas a um esforço alfabetizador.

Voltando à alfabetização, insistiremos em reafirmar que jamais tomamos a palavra como algo estático ou desconectado da realidade concreta dos alfabetizandos, mas como uma dimensão de sua linguagem-pensamento em torno de seu mundo. Por isso, quando eles participam criticamente da decomposição das primeiras palavras geradoras associadas à sua experiência quotidiana; quando identificam as "famílias silábicas" que resultam daquela decomposição; quando percebem o mecanismo de combinações silábicas de sua língua, descobrem, finalmente, nas várias possibilidades de combinações, suas próprias palavras. Pouco a pouco, na medida em que essas possibilidades se vão multiplicando através do domínio de novas palavras geradoras, os alfabetizandos vão ampliando não apenas seu vocabulário, mas também sua capacidade de expressão pelo desenvolvimento de sua capacidade criadora.

No Chile, em algumas áreas em que se fazia a reforma agrária, os camponeses que participavam de programas de alfabetização costumavam escrever palavras com seus próprios instrumentos, no chão dos caminhos que os conduziam ao trabalho. "Estes homens são semeadores de palavras", disse, certa vez, Maria Edi Ferreira, socióloga que fazia parte da equipe, em Santiago, do Instituto de Capacitación e Investigación en Reforma Agraria. Naturalmente, não apenas "semeavam" palavras, mas também, discutindo ideias, ancoradas na sua prática real, percebiam cada vez mais claramente seu novo papel no *asentamiento*.[31]

Perguntamos a um destes "semeadores de palavras", recém-alfabetizado, por que ele não havia aprendido a ler e a escrever antes da reforma agrária.

"Antes da reforma agrária, meu amigo, disse ele, eu nem sequer pensava. Nem eu nem meus companheiros."

"Por quê?", perguntamos.

"Porque não era possível. Vivíamos sob ordens. Tínhamos apenas que obedecer a elas. Não tínhamos nada que dizer", respondeu enfaticamente.

---

[31] Depois da desapropriação das terras, na reforma agrária chilena, os camponeses, que eram trabalhadores assalariados nos grandes latifúndios, se tornavam "assentados" durante um período de três anos em que recebiam uma variada assistência do governo através da Corporación de la Reforma Agrária. Este período de *asentamiento* precedia ao da entrega das terras aos camponeses. Naturalmente, tudo isso se acabou com a queda do governo Allende.

A resposta simples desse camponês nos introduz, claramente, à compreensão do que é a "cultura do silêncio". Na cultura do silêncio existir é apenas viver. O corpo segue ordens de cima. Pensar é difícil; dizer a palavra, proibido.

"Quando todas estas terras pertenciam a um latifúndio", disse outro homem na mesma conversação, "não havia razão para ler e escrever. Não tínhamos nenhuma responsabilidade. O patrão dava as ordens e nós obedecíamos. Por que ler e escrever em tal situação? Agora as coisas são diferentes. Veja meu caso, por exemplo. No *asentamiento*, não apenas trabalho como todos os companheiros, mas sou o responsável pelo reparo dos instrumentos. Quando comecei, não sabia ler nem escrever. Você não pode imaginar o que significava para mim ir a Santiago comprar acessórios. Eu me perdia. Tinha medo de tudo — medo da cidade grande, de comprar errado, de ser enganado. Agora as coisas são diferentes."

Observe-se como esse camponês descreve sua anterior experiência de analfabeto: sua desconfiança, seu medo mágico, mas lógico, da grande cidade, sua timidez. E observe-se a segurança com que repete: "Agora, as coisas são diferentes."

"Que sentiu você, amigo — perguntamos a outro 'semeador de palavras', em oportunidade diferente —, quando pôde escrever e ler sua primeira palavra?"

"Eu me senti feliz, porque descobri que podia fazer que as palavras falassem", respondeu.

"Em nossas conversações com os camponeses — diz Dario Salas,[32] ficávamos surpreendidos com as imagens

---

[32] Dario Salas, "Algumas experiências vividas na Supervisão da Educação Básica em Alfabetização Funcional no Chile", relatório.

que usavam para expressar seu interesse e sua satisfação com a alfabetização. Por exemplo:

"Antes eu era cego, agora o véu já não cobre meus olhos." "Eu vim aprender a assinar o nome. Jamais acreditei que, em minha idade, pudesse realmente aprender a ler." "Antes as letras me pareciam pequenos brinquedos. Hoje, elas me dizem algo e eu as posso fazer falar."

"É comovedor", continua Salas, "observar o deleite dos camponeses quando o mundo das palavras se abre a eles. Às vezes, dizem: 'Estamos cansados, a cabeça nos dói, mas não queremos sair daqui sem saber ler e escrever.'"[33]

As palavras que se seguem foram gravadas durante uma investigação de "temas geradores" num dos *asentamientos*. São a descodificação que um dos participantes fez da codificação que o grupo tinha como objeto de análise.

"Vemos lá longe uma casa. Uma casa triste como se estivesse abandonada. Quando se vê uma casa com uma criança nela, parece mais feliz. Dá mais alegria e paz a quem passa. O pai chega a casa, exausto, depois do trabalho, preocupado, amargo, e seu filho corre até ele, abraça-o, porque as crianças não são duras como os adultos. O pai já começa a sentir-se mais feliz desde que vê o filho. Fica realmente contente consigo mesmo. Comove-se com o desejo que seu filho tem de amá-lo."

---

[33] Dario Salas se refere a um dos melhores programas de alfabetização de adultos organizados pela Corporación de la Reforma Agrária, em colaboração com o Ministério de Educação e o Instituto de Capacitación e Investigación en Reforma Agrária. Cinquenta camponeses recebiam alojamento e bolsa de estudo por um mês. As discussões em torno das palavras geradoras se centravam na análise da situação local, regional e nacional.

Em 1968, uma equipe uruguaia publicou um pequeno livro, *Se vive como se puede*, cujo conteúdo resultou dos debates gravados em torno de um certo número de codificações propostas a um grupo de habitantes de um bairro proletário de Montevidéu. A primeira edição desse livro, de três mil exemplares, se esgotou em quinze dias, o que ocorreu com a segunda.

O texto que se segue é um fragmento desse livro.

A cor da água

A água? a água? para que serve a água?

Sim, sim, é isto o que eu vejo. A água.

Ah! meu povoado distante!

O riacho em torno de que me criei, lavando, o riacho Fraile Muerto, aí me criei eu. E a meninice assim, para um lado, para o outro.

Cor da água, boas recordações. Bonitas.

— Para que servia a água?

Para lavar. Você sabe, para nós que somos lavadeiras, e depois aí os animais iam beber — ali estavam os campos — nós lavávamos também aí.

— E usavam a água também para beber?

— Íamos também ao riacho que não tínhamos água, tomávamos daí e me lembro, uma vez, em 45, que veio uma praga de "martelos" — havia que tirá-los e eu digo porque é verdade. Naqueles tempos havia sede, não se podia olhar o que se tomava. Eu me lembro, eu era menina e separava os "martelos" assim, e as mãos, e outras eu não tinha.

E a água quente, uma grande seca, o riacho quase sem água, água, suja, turva e quente — de tudo um pouco, e tinha de tomar, porque se não morria de sede.

Todo o livro tem este estilo agradável, com grande força de expressão do mundo de seus autores, "semeadores de palavras", procurando emergir da cultura do silêncio.

Textos do povo, assim recolhidos, é que devem constituir o material de leitura para os alfabetizandos e não "Eva viu a uva", "a asa é da ave" ou "se você trabalha com martelo e prego tenha cuidado para não ferir o dedo".

Naturalmente, porém, numa alfabetização do ponto de vista das classes dominantes, o que se tem de oferecer aos alfabetizandos para ler é mesmo que "Eva viu a uva"...

Na nossa posição, o que defendemos e propomos é que os textos de leitura dos alfabetizandos venham preponderantemente deles próprios e a eles voltem para a sua análise.

Para isso, porém, é preciso que acreditemos neles e, em nossa prática com eles, nos tornemos seus educandos também.

PARTE 2

Ação cultural e conscientização

Existência *em* e *com* o mundo

O ponto de partida para uma análise, tanto quanto possível sistemática, da conscientização, deve ser uma compreensão crítica dos seres humanos como existentes no mundo e *com* o mundo. Na medida em que a condição básica para a conscientização é que seu agente seja um sujeito, isto é, um ser consciente, a conscientização, como a educação, é um processo específica e exclusivamente humano. É como seres conscientes que mulheres e homens estão não apenas no mundo, mas com o mundo. Somente homens e mulheres, como seres "abertos", são capazes de realizar a complexa operação de, simultaneamente, transformando o mundo através de sua ação, captar a realidade e expressá-la por meio de sua linguagem criadora. E é enquanto são capazes de tal operação, que implica "tomar distância" do mundo, objetivando-o, que homens e mulheres se fazem seres *com* o mundo. Sem essa objetivação, mediante a qual igualmente se objetivam, estariam reduzidos a um puro estar no mundo, sem conhecimento de si mesmos nem do mundo.

Os animais, por sua vez, estão simplesmente no mundo, incapazes de objetivar-se e ao mundo. Rigorosamente falando, vivem uma vida sem tempo, nela submersos, sem a possibilidade de emergir dela, ajustados e aderidos a seu contorno.

Homens e mulheres, pelo contrário, podendo romper essa aderência e ir mais além do mero estar no mundo, acrescentam à vida que têm a existência que criam. Existir é, assim, um modo de vida que é próprio ao ser capaz de transformar, de produzir, de decidir, de criar, de recriar, de comunicar-se.

Enquanto o ser que simplesmente vive não é capaz de refletir sobre si mesmo e saber-se vivendo no mundo, o sujeito existente reflete sobre sua vida, no domínio mesmo da existência, e se pergunta em torno de suas relações com o mundo.

O domínio da existência é o domínio do trabalho, da cultura, da história, dos valores — domínio em que os seres humanos experimentam a dialética entre determinação e liberdade.

Se não tivessem sido capazes de romper com a aderência ao mundo, emergindo dele, como consciência que se constituiu na "admiração" do mundo como seu objeto, seriam seres meramente determinados e não seria possível então pensar em termos de sua libertação.

Somente os seres que podem refletir sobre sua própria limitação são capazes de libertar-se desde, porém, que sua reflexão não se perca numa vaguidade descomprometida, mas se dê no exercício da ação transformadora da realidade condicionante. Desta forma, *consciência de* e *ação sobre* a realidade são inseparáveis constituintes do ato transformador pelo qual homens e mulheres se fazem seres de relação.[34] A prática consciente dos seres humanos, envolvendo reflexão, intencionalidade, temporalidade

[34] A este respeito, cf. Paulo Freire, *Educação como prática da liberdade*.

e transcendência,[35] é diferente dos meros contatos dos animais com o mundo.

Os contatos dos animais são acríticos. Não vão mais além da associação de imagens sensoriais através da experiência. São singulares e não plurais. Os animais não elaboram objetivos. Vivem ao nível da "imersão", daí sua atemporalidade.

A possibilidade que têm os seres humanos de atuar sobre a realidade objetiva e de saber que atuam, de que resulta que a tomam como objeto de sua curiosidade, a sua comunicação mediatizada pela realidade, por meio de sua linguagem criadora, a pluralidade de respostas a um desafio singular, testemunham a criticidade que há nas relações entre eles e o mundo. Sua consciência, que não é a fazedora arbitrária da objetividade, com a qual constitui uma unidade dialética, não é, também, por isso mesmo, uma pura cópia, um simples reflexo daquela. Daí que esta nota de criticidade não possa ser compreendida nem de um lado, por quem absolutiza a objetividade, nem, de outro, por quem absolutiza a consciência. No primeiro caso, a consciência seria incapaz de voltar-se criticamente sobre a realidade concreta que a condiciona; no segundo, na medida em que fosse a criadora da realidade, seria um *a priori* desta. Em nenhuma destas hipóteses nos parece viável compreender a ação transformadora dos seres

---

[35] Transcendência, neste contexto, significa a capacidade da consciência humana de sobrepassar os limites da configuração objetiva. Sem esta capacidade nos seria impossível a consciência do próprio limite. Estou consciente, por exemplo, dos limites da mesa em que escrevo porque sou capaz de transcendê-los.

humanos sobre o mundo. Do ponto de vista do objetivismo mecanicista, porque, mera réplica da realidade, a consciência seria puro objeto da realidade que, então, se transformaria a si mesma.[36]

Do ponto de vista do subjetivismo, porque a transformação de uma realidade simplesmente imaginada seria um absurdo. Assim, em ambos estes casos, não nos parece possível a verdadeira práxis, que implica a unidade dialética entre subjetividade e objetividade, prática e teoria.

O behaviorismo é incapaz também de compreender estas relações entre os seres humanos e o mundo. Quer na forma chamada behaviorismo mecanicista, quer na chamada behaviorismo lógico.

Na primeira, os seres humanos são negados enquanto vistos como máquinas; na segunda, enquanto sua consciência é "mera abstração".[37]

Do ponto de vista de nenhuma dessas visões dos seres humanos e da realidade é viável a compreensão da conscientização. Esta só é possível porque a consciência, condicionada, é capaz de reconhecer-se como tal.

Esta dimensão crítica da consciência explica as finalidades de que as ações transformadoras dos seres humanos sobre o mundo estão impregnadas. Porque são

---

[36] *La teoria materialista de que los hombres son producto de las circunstancias y de la educación, y de que, portanto, los hombres modificados son producto de circunstancias distintas y de una educación distinta, olvida que las circunstancias se hacen cambiar precisamente por los hombres y que el próprio educador necesita ser educado.* Karl Marx, "III tesis sobre Feuerbach", in Karl Marx e Friedrich Engels, *Carlos Marx — Federico Engels: obras escogidas*. Moscou: Editorial Progresso, 1966, t. II, p. 404.

[37] Referimo-nos ao behaviorismo, tal como é estudado na obra de John Belloff, *The Existence of Mind*. Nova York: MacGibbon and Kee, 1964.

capazes de ter finalidades, são capazes de prever o resultado de sua ação, ainda antes de iniciada. São seres que projetam, como deixa claro Marx em *O capital*: *Aquí*, diz ele, *partimos del supuesto del trabajo plasmado ya bajo una forma en la que pertenece exclusivamente al hombre. Una araña ejecuta operaciones que semejan a las manipulaciones del tejedor, y la construcción de los panales de las abejas podria avergonzar, por su perfección, a más de un maestro de obras. Pero, hay algo én que el peor maestro de obras aventaja, desde luego, a la mejor abeja, y es el hecho de que, antes de ejecutar la construcción, la proyecta en su cérebro. Al final del proceso de trabajo brota un resultado que antes de comenzar el proceso existia ya en la mente del obrero, un resultado que tenia ya existencia real.*[38]

Ainda que as abelhas, como boas "especialistas", possam identificar a flor de que necessitam para fazer seu mel, não podem mudar de "especialização". Não podem também operar subprodutos. Sua ação sobre o mundo não está acompanhada pela objetivação deste. Sua ação carece de reflexão crítica. Enquanto os animais se adaptam ao mundo para sobreviver, os seres humanos o transformam de acordo com finalidades que se propõem, mesmo que sempre a partir de uma certa situação histórica a que "chegam", independentemente de sua consciência.

Adaptando-se ao mundo para sobreviver, sem fins a alcançar, sem opções, os animais não "animalizam" o mundo. A "animalização" do mundo estaria associada necessariamente à "animalização" e à "desanimalização" dos animais, e isso pressuporia neles a consciência de sua

[38] Karl Marx, *El capital*. México: Fondo de Cultura Económica, 1966, v. 1.

inconclusão, que os engajaria num movimento de busca permanente. Em realidade, ao construir habilmente suas colmeias e ao fabricar seu mel, as abelhas continuam abelhas e, em seus contatos com o mundo, não se fazem mais ou menos abelhas.[39]

Para os seres humanos, como seres da práxis, transformar o mundo, processo em que se transformam também, significa impregná-lo de sua presença criadora, deixando nele as marcas de seu trabalho.

A criticidade e as finalidades que se acham nas relações entre os seres humanos e o mundo implicam que essas relações se dão com um espaço que não é apenas físico, mas histórico e cultural. Para os seres humanos, o aqui e o ali envolvem sempre um agora, um antes e um depois. Desta forma, as relações entre os seres humanos e o mundo são em si históricas, como históricos são os seres humanos, que não apenas fazem a história em que se fazem mas, consequentemente, contam a história deste mútuo fazer. A "hominização" — Chardin — no processo da evolução, anuncia o ser autobiográfico.

Os outros animais, pelo contrário, se acham imersos num tempo que não lhes pertence.

Há uma outra distinção fundamental entre as relações dos seres humanos com o mundo e os contatos dos animais com ele: somente os seres humanos trabalham, em sentido rigoroso. Ao cavalo, por exemplo, lhe falta o que é próprio aos seres humanos e a que Marx se refere no seu exemplo das abelhas: *Al final del proceso de*

---

[39] "Os tigres não se destigricizam", disse Ortega y Gasset em uma de suas obras.

trabajo brota un resultado que antes de comenzar el proceso ya existía en la mente del obrero, un resultado que tenia ya existencia real. A ação que não tenha esta dimensão não é trabalho. Nos campos como no circo, o trabalho dos cavalos reflete o trabalho dos seres humanos. A ação é trabalho não por causa do maior ou menor esforço físico despendido nela pelo organismo que atua, mas por causa da consciência que o sujeito tem de seu próprio esforço, da possibilidade de programar a ação, de criar instrumentos com que melhor atue sobre o objeto, de ter finalidades, de antecipar resultados. Mais ainda, para que a ação seja trabalho, é preciso que dela resultem produtos significativos que, separando-se do produtor, se podem dar à sua reflexão crítica ao mesmo tempo em que o condicionam.

Assim, na medida em que os seres humanos atuam sobre a realidade, transformando-a com seu trabalho, que se realiza de acordo como esteja organizada a produção nesta ou naquela sociedade, sua consciência é condicionada e expressa esse condicionamento através de diferentes níveis.

Níveis de consciência

Ao nos propormos uma análise dos níveis de consciência, gostaríamos de sublinhar, desde o começo, que, se de um lado não estaremos absolutizando a consciência e, de modo geral, a supraestrutura, de outro, não estaremos tampouco absolutizando a infraestrutura. Estaremos, pelo contrário, procurando compreender os diferentes níveis de consciência em sua relação dialética com as condições materiais da sociedade, por isso mesmo, nem como determinantes daquelas condições nem como suas puras cópias. Temos insistido, neste como em outros trabalhos, em que a estrutura social, como um todo, é, em última análise, não a soma (nem também a justaposição) da infraestrutura com a supraestrutura, mas a dialetização entre as duas.

Daí o indiscutível papel que pode jogar a cultura no processo de libertação das classes oprimidas.

Desta forma, ao procurar discernir, em termos relativos, as características fundamentais da configuração histórico-cultural a que esses níveis correspondem, esperamos não ser entendidos como se estivéssemos caindo numa das absolutizações referidas acima.

Por outro lado, nossa intenção não é a de tentar um estudo das origens e da evolução histórica da consciência, para o que, sobretudo, não nos achamos capacitados, mas ensaiar uma análise introdutória aos níveis de consciência na realidade latino-americana. Isso não significa que uma tal análise, pelo menos em parte, não seja aplicável a outras áreas do Terceiro Mundo bem como àquelas das sociedades metropolitanas, que se identificam com o Terceiro Mundo, enquanto "áreas de silêncio".

Façamos, em primeiro lugar, algumas considerações em torno do que chamamos cultura do silêncio, em que se encontram formas especiais de consciência dominada.

Apesar da evidência, talvez não seja demasiado afirmar que a constatação da cultura do silêncio implica o reconhecimento da cultura dominante e que ambas, ao não se gerarem a si próprias, se constituem nas estruturas de dominação. A cultura do silêncio, tanto quanto dominadores e dominados, se encontra em relação dialética e não de oposição simétrica com a cultura dominante.

Por outro lado, nem tudo o que compõe a cultura do silêncio é pura reprodução ideológica da cultura dominante. Nela há também algo próprio aos oprimidos em que se amuralham, como dissemos na primeira parte deste trabalho, para defender-se, preservar-se, sobreviver. Daí a necessidade já salientada de a liderança revolucionária conhecer não apenas as debilidades desta cultura mas também sua potencialidade de rebelião.

Um dos aspectos a ser discutido na análise da cultura do silêncio é o das relações entre o chamado Primeiro Mundo e o Terceiro. Aquele, o mundo que "fala", que impõe, que invade; este, em momentos diferentes de suas relações dialéticas com aquele, o mundo que escuta, que segue, que se rebela, que é assimilado ou recuperado, que se rebela de novo, que se revoluciona, que se liberta, sem que esta sequência seja algo preestabelecido.

Enquanto mundo que "fala", o Primeiro Mundo tem, no seu seio, o seu Terceiro Mundo — o mundo das classes e dos grupos sociais dominados, com sua cultura do silêncio também — e o Terceiro, como totalidade dependente, tem, em sua intimidade, o seu Primeiro Mundo o mundo de suas classes dominantes, em relação de subordinação ao Primeiro Mundo do Primeiro, isto é, às classes dominantes das sociedades metropolitanas. Neste sentido é que há uma certa diferença entre as classes dominantes do Primeiro Mundo e as classes dominantes do Terceiro, assim como entre as classes e grupos dominados de ambos estes mundos.

As classes dominantes do Primeiro Mundo têm um poder hegemônico, que se exerce não só sobre os seus grupos e classes dominadas mas sobre o conjunto das sociedades dependentes. As classes dominantes destas sociedades, subordinadas aos interesses daquelas, cujo estilo de vida tendem a reproduzir, exercem seu poder sobre as classes dominadas nacionais.

As classes dominantes metropolitanas, com um alto poder manipulador, que a modernização do sistema capitalista lhes possibilita, podem enfrentar suas crises mais "suavemente" que as classes dominantes da sociedade dependente. A estrutura dependente é demasiado débil para suportar a mais mínima presença das massas populares em atitude contestadora. Daí a frequente violência com que respondem aos primeiros sintomas de reivindicação popular.

Por seu turno, as classes e grupos dominados do Primeiro Mundo participam de uma totalidade dominante, enquanto as classes e grupos dominados do Terceiro fazem parte de uma totalidade dependente. Daí que um dos mitos da cultura dominante do Primeiro Mundo para falar só neste — o mito de sua "superioridade natural", penetre a cultura do silêncio deste mundo, o que explica o sentimento de superioridade que muitos dominados do Primeiro Mundo têm em face dos dominados do Terceiro Mundo.[40]

[40] Neste sentido, pode-se falar também de uma tentação que revolucionários metropolitanos devem evitar: a de pretender possuir a verdade revolucionária do Terceiro Mundo. Se não superam esta tentação messiânica, terminam por cair numa contradição com sua opção: a do "colonialismo revolucionário".

O outro lado do mesmo fenômeno é a caracterização que dominados do Terceiro Mundo fazem de dominados do Primeiro, como dominadores.

Só na medida em que estes e aqueles se assumam como a grande maioria de dominados e não mais como minorias divididas entre si e reconheçam a identidade de seus interesses, na diversidade de suas realidades, é que se percebem como companheiros de uma mesma jornada.

Finalmente, a sociedade dependente é, por definição, uma sociedade semissilenciosa. Suas classes dominantes não "falam" — refletem a voz imperial.

Somente quando as classes e grupos dominados, o Terceiro Mundo do Terceiro, transformam revolucionariamente suas estruturas é que se faz possível realmente à sociedade dependente dizer sua palavra. É através desta transformação radical que se pode superar a cultura do silêncio.

Por outro lado, se um grupo alcança o poder por meio de um golpe de estado e começa a tomar medidas nacionalistas, no campo da economia e da cultura, como no caso do Peru, no ano passado, 1968 , sua política cria uma nova contradição com uma das seguintes consequências. Em primeiro lugar, o novo regime pode superar suas próprias intenções e ver-se obrigado a romper com a cultura do silêncio ou, ao contrário, temendo a presença das massas populares, pode retroceder e reimpor o silêncio a elas. Terceiro, o governo pode favorecer um novo tipo de populismo. Neste caso, estimuladas pelas medidas nacionalistas, as massas submersas terão a ilusão de estar participando das transformações de sua sociedade, sendo, na verdade, astutamente manipuladas. Mesmo, porém, que seja este o caso, a política populista provocará certas "aberturas" nas áreas mais fechadas da sociedade peruana e, através destas, as massas populares começarão a emergir de seu silêncio, fazendo exigências. Na medida em que estas sejam satisfeitas, embora parcialmente, a tendência das massas populares será aumentar a frequência de suas demandas e, ao mesmo tempo, melhorar a qualidade das mesmas. Deste modo, a política populista terminará por criar sérias contradições ao grupo militar no poder, que será obrigado a romper definitivamente com a cultura do silêncio ou a restaurá-la. Por esta razão, não nos parece possível, no momento atual, que algum governo latino-americano possa manter uma relativa independência em face do poder imperial, se preserva internamente a cultura do silêncio.

Em 1961, Jânio Quadros veio ao governo, no Brasil, através de uma das maiores vitórias eleitorais na história do país. Quadros tentou uma política contraditória — a de uma relativa independência em face do império com forte controle interno.

Depois de sete meses à frente do governo, inesperadamente, anunciou à nação que se via forçado a renunciar à Presidência do país sob a pressão das "mesmas forças ocultas" que haviam levado o presidente Vargas ao suicídio. Em seguida, fez sua melancólica partida para Londres.

O golpe militar brasileiro que, pitorescamente, se vem chamando a si mesmo de revolução, e que derrubou o governo Goulart em 1964, tem seguido uma política coerente: submissão à metrópole, associada a uma violenta repressão e imposição de silêncio às massas populares.

Uma política de submissão tão incondicional à metrópole seria incompatível com uma, pelo menos débil, abertura política de que decorresse uma presença mais atuante das massas populares. Inviável seria também, repitamos, uma política de independência com relação ao imperialismo, sem a ruptura da cultura do silêncio.

Uma das formas de consciência dominada, nestas sociedades dependentes, se caracteriza por sua quase "aderência" à realidade objetiva ou sua quase "imersão"[41] na realidade. A este nível, como salientamos em *Pedagogia do oprimido*, a consciência dominada não toma suficiente distância da realidade a fim de objetivá-la e conhecê-la criticamente.

Chamamos essa forma de consciência de "semi-intransitiva". Em sua quase imersão na realidade, esta modalidade de consciência não consegue captar muitos dos desafios do contexto ou os percebe distorcidamente. Sua semi-intransitividade envolve uma certa obliteração que lhe é imposta pelas condições objetivas. Daí que no seu "fundo de visão" os dados que mais facilmente se destaquem sejam os que dizem respeito aos problemas vitais, cuja razão de ser, de modo geral, é sempre encontrada fora da realidade concreta. É que, a este nível de quase imersão, não se verifica facilmente o que chamamos de "percepção estrutural" dos fatos, que implica a compreensão verdadeira da razão de ser dos mesmos. Desta forma, a explicação para os problemas se acha sempre fora da realidade, ora nos desígnios divinos, ora no destino, ou também

[41] Esta forma de consciência se encontra, em termos preponderantes, nas áreas rurais da América Latina, onde os latifúndios são regra geral.

na "inferioridade natural" de homens e mulheres cuja consciência se encontra a este nível. A semi-intransitividade está necessariamente associada ao fatalismo, ainda que este não seja uma exclusividade da semi-intransitividade. De qualquer maneira, se a explicação das situações problemáticas se encontra em algum poder superior ou na "incapacidade natural" dos seres humanos, é óbvio, então, que a ação destes, como resposta àquelas situações problemáticas, não se oriente no sentido da transformação da realidade que as origina, mas, ao contrário, ao poder superior responsável pela existência das situações bem como por sua "inferioridade natural". Sua ação tem, pois, um caráter mágico-defensivo ou mágico-terapêutico. Assim é que, na colheita como na semeadura, os camponeses latino-americanos e do Terceiro Mundo em geral realizam ritos mágicos, quase sempre de natureza sincrético religiosa.

Envolvendo mais uma vez as relações dialéticas entre subjetividade e objetividade, a transformação desses ritos em pura tradição não se faz, diga-se de passagem, mecanicamente.

Nada do que estamos dizendo sobre a semi-intransitividade significa, porém, que homens e mulheres, cuja consciência se encontra a este nível, sejam incapazes de superar sua compreensão mágica dos fatos; sejam incapazes de refazer a leitura de sua realidade, percebendo, afinal, que a sua indigência tem outras razões que não as até então admitidas. Pelo contrário, a experiência tem mostrado que mais rapidamente do que se pensa, esta releitura se faz possível, mesmo que, entre o momento da releitura e do engajamento numa nova forma de ação coerente com ela, haja muito o que fazer.

Às vezes, o desvelamento de pelo menos parte das razões dos fatos que a releitura da realidade oferece leva os indivíduos que a fazem a um estado de inquietude que assusta aos educadores que a eles foram movidos apenas por sentimentos humanitários, sem uma opção política clara.

Em situações tais, estes educadores percebem como, em pouco tempo, foram superados por aqueles de quem pretendiam ser os educadores. Percebem que, não obstante saberem ler e escrever, eram "politicamente analfabetos".

Alguns deles, amedrontados, renunciam ao trabalho iniciado; outros, aceitando o desafio que aquela releitura lhes coloca, refazem igualmente sua leitura e, abandonando o espontaneísmo humanitarista, se tornam realmente militantes. "Alfabetizam-se" politicamente, com os analfabetos a quem pretendiam salvar...

Voltemos, porém, a algumas considerações de natureza histórica. Sob o impacto das transformações infraestruturais que produziram as primeiras "rachaduras" nestas sociedades, umas, mais do que as outras, entraram na etapa atual de transição histórico-cultural. No caso particular do Brasil, este processo começa com a abolição da escravatura nos fins do século passado,[42] acelera-se durante a Primeira Guerra Mundial, intensifica-se com a crise de 1929, enfatiza-se com a Segunda Guerra e

---

[42] A abolição da escravatura no Brasil traz consigo a inversão de capital em indústrias, mesmo incipientes ainda, e estimula as primeiras ondas de imigração alemã, italiana e japonesa nos estados do centro-sul e do sul do país.

prossegue até 1964, quando o golpe militar condena violentamente a nação ao silêncio.

O importante é que, uma vez iniciado o processo de "rachadura", com que a sociedade brasileira entra em transição, os primeiros movimentos de emersão das até então preponderantemente submersas e silenciosas massas começam a manifestar-se.[43]

Não significando a superação da cultura do silêncio, estes primeiros movimentos de emergência são, contudo, um momento novo desta cultura, de caráter ainda estritamente urbano. Se, na fase anterior, o silêncio coincidia com a percepção fatalista que as massas populares tinham da realidade e em que as classes dominantes eram raramente questionadas, agora, nos centros urbanos, o silêncio começa a ser percebido como o resultado de uma realidade material que pode ser transformada e não mais como algo inalterável, uma espécie de destino ou sina. Por isso mesmo, esses movimentos de emersão levam as classes dominantes, experimentando-se não apenas enquanto grandes proprietários de terras mas também enquanto empresários nos centros urbanos, a buscar novas formas de silenciar as massas populares em emersão.

Esta transição histórica corresponde a uma nova forma de consciência popular — a "transitivo-ingênua". Se, ao nível da "semi-intransitividade", são os problemas vitais os que mais facilmente se destacam, ao nível da transitividade ingênua a capacidade de captação se amplia e,

[43] Todo estudo sério que se faça para a compreensão, neste período, de como se constituiu a classe operária no Brasil nos parece de importância capital.

não apenas o que antes não era percebido passa a ser, mas também muito do que era entendido de uma certa forma o é agora de maneira diferente.

Não há, porém, fronteiras rígidas entre uma modalidade e outra de consciência. Assim, em muitos casos, a consciência semi-intransitiva continua presente, em certos aspectos, na transitivo-ingênua.

Na América Latina, por exemplo, quase toda a população camponesa se encontra ainda na etapa da quase imersão. A consciência camponesa, mesmo nas áreas em abertura, conserva um grande número de mitos de sua primeira etapa, apesar de marchar no sentido da transitividade.

Desta maneira, a consciência transitiva emerge como consciência ingênua, tão dominada quanto a anterior, mas indiscutivelmente mais alerta com relação à razão de ser de sua própria ambiguidade.

Por outro lado, a emersão da consciência popular, mesmo ainda ingenuamente transitiva, provoca o desenvolvimento da consciência das classes dominantes. É que a transitividade ingênua anuncia, nas massas populares emersas, a constituição da consciência de classe dominada, com que se assumem como "classe para si". Desta forma, assim como há um momento de surpresa entre as massas populares quando começam a ver o que antes não viam, há uma correspondente surpresa entre as classes dominantes quando percebem que estão sendo desveladas pelas massas. Esta dupla revelação provoca ansiedades numas e noutras.

As massas populares se fazem ansiosas por liberdade, por superar o silêncio em que sempre estiveram. As classes dominantes, por manter o *status quo*, para o que se inclinam, em função do grau de pressão daquelas, a reformas estruturais que não afetem o sistema em sua essência.

No processo de transição, o caráter preponderantemente estático da "sociedade fechada" vai, gradativamente, cedendo seu lugar a um maior dinamismo em todas as dimensões da vida social. As contradições vêm à superfície e os conflitos em que a consciência popular se educa e se faz mais exigente se multiplicam, provocando maiores apreensões nas classes dominantes.

Na medida em que a transição histórica se aprofunda e as contradições típicas de uma sociedade dependente se vão iluminando, grupos de intelectuais pequeno-burgueses começam a assumir novas formas de compromisso, rechaçando esquemas importados e soluções pré-fabricadas.

Alguns artistas se inspiram não mais na vida fácil da burguesia, mas na vida difícil e dura do povo; na poesia, já não se cantam apenas os amores perdidos nem se fala de camponeses e operários urbanos como abstrações, mas como homens e mulheres concretos, em uma realidade concreta.

No caso do Brasil, essas mudanças qualitativas marcam todos os níveis da atividade criadora.

Ao intensificar-se a fase de transição, esses grupos tentam uma volta sobre a realidade nacional que passa a ser estudada em termos distintos.

Por outro lado a fase de transição gera também um novo estilo político, o populismo, já que os antigos modelos, os da "sociedade fechada", não são adequados à nova etapa, a da emersão popular.

Na medida, porém, em que esta emersão é um fenômeno urbano, uma vez que as grandes áreas de latifúndio continuam intocadas, o populismo, mesmo com repercussões naquelas áreas, é igualmente uma expressão urbana. Responde à presença das massas populares, que começam a emergir de seu silêncio de maneira ingênua, mas sua resposta é manipuladora. Se, porém, a manipulação populista reforça, de um lado, a ingenuidade das massas emergentes, de outro, enquanto lhes estimula os protestos e as exigências, igualmente estimula o processo de desvelamento da realidade. Eis aí um dos aspectos do caráter ambíguo do populismo. Manipulador mas, ao mesmo tempo, um fator de mobilização democrática.[44]

Assim, o novo estilo de ação política, nas sociedades em transição, não se esgota no papel manipulador de seus líderes, que fazem a mediação entre as massas populares e a oligarquia. É que não é o populismo o que provoca a emersão das massas populares, mas é o aparecimento destas, em dadas condições históricas, que o faz possível, como um novo estilo político.

Desta maneira, independentemente da intenção de seus líderes, o populismo termina por reforçar a participação política das massas populares em cujo processo se fazem conscientes, cedo ou tarde, de seu estado de exploradas.

As sociedades que experimentam a agudização deste momento histórico vivem um clima de pré-revolução, de que o contrário antagônico *é* o golpe de estado. E a maior ou menor violência deste depende, não do caráter mais

---

[44] Francisco Weffort, entre outros, tem insistido em ressaltar a ambiguidade como uma das características principais do populismo.

ou menos humanitário destas ou daquelas forças armadas, mas do nível em que se encontre a luta de classes na sociedade que o sofre.

Por outro lado, quanto mais sólidos sejam os fundamentos ideológicos do golpe, tanto menos fácil será o retorno da sociedade ao mesmo estilo político em que se geraram as condições para a sua efetivação.

Desta forma, um golpe de estado muda, qualitativamente, a transição histórica da sociedade e estabelece o começo de nova transição.

Na etapa anterior, o golpe era a possibilidade antagônica da revolução. Na nova transição por ele criada, o golpe define e confirma um poder arbitrário e antipopular e sua tendência é tornar-se cada vez mais rígido, a não ser que seja possível acelerar a modernização capitalista de que decorra, pelo menos, a diminuição das tensões sociais, através de uma política de melhor distribuição das rendas. O problema que se põe é o de se realmente é viável um tal sonho — o de intensificar a modernização capitalista, "financiando-se", ao mesmo tempo, a economia imperial...

No Brasil, na transição marcada pelo golpe militar, se efetiva uma ideologia do "desenvolvimento", na qual "a ideia da grande empresa internacional substitui a ideia do monopólio estatal como base para o desenvolvimento".[45]

E uma das exigências fundamentais de tal ideologia é, necessariamente, o silêncio dos setores populares e sua exclusão das esferas de decisão. Parece-nos assim

---

[45] Fernando Henrique Cardoso, "Hegemonia burguesa e independência econômica: raízes estruturais da crise política brasileira". in *Revista Civilização Brasileira*, n. 17, janeiro de 1968.

uma ingenuidade, em que as forças populares devem evitar cair, a de pensar na possibilidade de "aberturas" políticas de que resultasse o restabelecimento do ritmo anterior.

As "aberturas" que a transição inaugurada pelo golpe militar de 1964 oferece têm sua semântica própria. Não significam uma volta ao que foi, mas idas e vindas no jogo das acomodações do sistema mesmo.

O que se impõe é a compreensão dos desafios que a nova transição coloca e que demandam formas distintas de ação. De ação em silêncio, que requer difícil aprendizado.

Ação cultural e revolução cultural

Seria desnecessário dizer aos movimentos revolucionários que eles se encontram em relação antagônica com as classes dominantes. Não será demasiado enfatizar, porém, que esse antagonismo, que envolve objetivos e interesses opostos, deve expressar-se em formas de ação igualmente distintas. Na verdade, deve haver uma diferença entre a prática daquelas classes e a dos movimentos revolucionários, que os perfile claramente. Esta diferença não é arbitrária, nem puramente formal. Ela tem uma fonte radical: a natureza utópica no sentido já referido neste texto, dos movimentos revolucionários, de que as classes dominantes carecem em ternos definitivos.

Na medida, porém, em que a verdadeira utopia implica a dialetização da denúncia e do anúncio, a liderança revolucionária não pode:

a) denunciar a realidade sem conhecê-la;
b) anunciar a nova realidade sem ter um pré-projeto que, emergindo na denúncia, somente se viabiliza na práxis.
c) conhecer a realidade distante dos fatos concretos, fontes de seu conhecimento;
d) denunciar e anunciar sozinha;
e) não confiar nas massas populares, renunciando à sua comunhão com elas.

Em caso contrário, a liderança revolucionária corre o risco de contradizer-se, o que ocorre quando, por exemplo, vítima de uma visão fatalista da história, tenta domesticar as massas populares a um futuro que "conhece" *a priori* ou quando se considera possuidora da verdade revolucionária a que as massas populares não podem ter acesso, devendo, por isso mesmo, ser "salvas" por ela.

Neste caso, burocratizada, a liderança revolucionária deixa de ser utópica.

As classes dominantes é que, por sua natureza, só podem, como dissemos antes, denunciar a quem as denuncia e anunciar os seus próprios mitos.

Um projeto verdadeiramente revolucionário, por outro lado, se autentica, na medida em que vai cumprindo sua vocação natural: a de selar a unidade, a comunhão, entre a liderança revolucionária e as massas populares, na prática da transformação da sociedade de classes e na da construção da sociedade socialista. Quanto mais esta unidade se concretiza, tanto menos perigo tem a liderança revolucionária de burocratizar-se.

Correndo o risco de parecer pensar simetricamente, diremos que, biofílica,[46] a utopia revolucionária tende ao dinâmico e não ao estático; ao vivo e não ao morto; ao futuro como desafio à criatividade humana e não ao futuro como repetição do presente; ao amor como libertação e não como posse patológica; à emoção da vida e não às frias abstrações; à comunhão e não ao gregarismo; ao diálogo e não ao mutismo; à práxis e não à ordem e à lei, como mitos; aos seres humanos que se organizam criticamente para a ação e não à organização deles para a passividade; à linguagem criadora e comunicativa e não aos "slogans" domesticadores; aos valores que se encarnam e não aos mitos que se impõem.

Necrofilia, a rigidez reacionária prefere o morto ao vivo; o estático ao dinâmico; o futuro como repetição do presente ao futuro como aventura criadora; as formas patológicas de amor ao amor verdadeiro; a esquematização fria à emoção da vida; o gregarismo à verdadeira comunhão; a organização dos seres humanos como objetos e não a estes se organizando como sujeitos; os mitos que são impostos aos valores encarnados; as prescrições à comunicação; os "slogans" aos desafios.

É necessário que os revolucionários deem testemunho, mais e mais, da radical diferença que os separa das forças reacionárias. Não é suficiente condenar a violência da direita, sua postura aristocrática, seus mitos. Os revolucionários precisam provar o seu respeito às massas populares dominadas, confiar nelas, não como pura tática,

---

[46] A propósito de biofilia e necrofilia, cf. Erich Fromm, *The Heart of Man*. Nova York: Harper and Row, 1964.

mas como uma exigência necessária para serem revolucionários. Se esta confiança nas massas populares, que não podem ser vistas como algo que está aí para ser libertado, é fundamental em todos os momentos, mais ainda o é na transição criada pelo golpe.

Ao institucionalizar a violência, de que decorre uma insegurança generalizada, o golpe de estado reforça o velho clima da cultura do silêncio. E é neste clima que a liderança revolucionária, na sua aprendizagem permanente, tem de encontrar novos caminhos de testemunhar sua presença — a presença de quem nelas confia e de quem com elas está disposto a aprender. Assim, um projeto de ação revolucionária, o mais mínimo que seja, se distingue do quefazer reacionário, não só do ponto de vista de seus objetivos, mas também quanto a seus métodos e a seu conteúdo. Na medida em que, enquanto revolucionário, o projeto busca a afirmação das classes dominadas através de sua libertação, qualquer concessão impensada aos métodos dos opressores é sempre uma ameaça ao projeto revolucionário. Sem preocupações puristas, os revolucionários devem, contudo, exigir de si mesmos uma radical coerência. A coerência entre seu discurso e sua prática para que não sejam uns ao falar, outros ao agir. Como homens e mulheres, podem equivocar-se e mesmo errar; o que não podem é, num momento, verbalizar a opção revolucionária e noutro, ter uma prática pequeno-burguesa.

Por outro lado, devem adequar sua ação às condições históricas, realizando o possível de hoje para que possam viabilizar amanhã o impossível de hoje. Uma de suas tarefas é descobrir os procedimentos mais eficientes, em cada circunstância, a fim de ajudar as classes dominadas a superar os níveis de consciência semi-intransitiva e transitivo-ingênua pelo da consciência crítica, o que significa que se assumam como "classe para si". Esta preocupação não pode ser estranha a nenhum projeto revolucionário que é, também, ação cultural preparando-se para ser revolução cultural.

A revolução é um processo crítico, que demanda aquela constante comunhão entre a liderança e as massas populares.

Toda a prática revolucionária de Guevara foi um exemplo, sempre, de como ele buscava essa comunhão.

Quanto mais estudamos sua obra tanto mais nos convencemos de sua firme convicção em torno desta necessidade. É por isso mesmo que ele não hesita em reconhecer a capacidade de amar como uma indispensável qualidade revolucionária. Ainda que se refira, constantemente, em seu diário da Bolívia, à falta de interesse dos camponeses pelo movimento guerrilheiro, em nenhum momento demonstra desamor por eles. Nunca perdeu a esperança de contar com sua participação.

Sua capacidade de dialogar, de comunicar-se, de submeter sua prática diária a uma constante reflexão crítica levaram-no a ter, no seu acampamento guerrilheiro, um "contexto teórico", no qual analisava, com seus companheiros, os acontecimentos que estavam vivendo e planejava, com eles, a ação de todos.

Guevara não fez dicotomias entre métodos, conteúdos e objetivos de seus projetos. Irmanado com seus companheiros no mesmo risco de vida, tinha, como eles, na guerrilha, uma introdução à liberdade, um chamamento à vida para todos aqueles e aquelas que estão mortos em vida.

Como Camilo Torres, ele também não se fez guerrilheiro por desesperação, mas por amor verdadeiro. Ambos procuravam realizar o sonho do novo homem e da nova mulher, nascendo na e da prática da libertação. Neste sentido, Guevara encarou a autêntica utopia revolucionária. Foi um dos maiores profetas dos silenciosos do Terceiro Mundo. Conversando com muitos deles, falou em nome de todos.

Ao citar Guevara e seu testemunho como guerrilheiro, não queremos dizer que todos os revolucionários estejam obrigados, em diferentes circunstâncias históricas, a fazer o mesmo que ele fez. O indispensável, porém, é que busquem a comunhão com as massas populares.

Tal comunhão é uma característica fundamental da ação cultural para a libertação. É na prática desta comunhão, que se dá na prática revolucionária, que a conscientização alcança o seu mais alto nível. E é nela que os oprimidos superam o que Goldmann chama de "consciência real" pelo "máximo de consciência possível".[47] Implicando a inserção crítica na realidade que se desmistifica, a conscientização é algo mais que a *prise de conscience.*

Por esta razão, a conscientização é um projeto irrealizável pela direita, que, por natureza, não pode ser utópica. Não há conscientização popular sem uma radical denúncia das estruturas de dominação e sem o anúncio de uma nova realidade a ser criada em função dos interesses das classes sociais hoje dominadas.

---

[47] L. Goldmann, op. cit.

As classes dominantes não podem desvelar-se a si mesmas nem tampouco proporcionar os meios às classes dominadas para que estas o façam. Assim, as duas formas de ação cultural, a que corresponde aos interesses das classes dominadas e a que satisfaz aos das classes dominantes, são formas de ação antagônicas.

Enquanto a ação cultural para a libertação se caracteriza pelo diálogo, "somo selo" do ato de conhecimento, a ação cultural para a domesticação procura embotar as consciências. A primeira problematiza; a segunda "sloganiza". Desta forma, o fundamental na primeira modalidade de ação cultural, no próprio processo de organização das classes dominadas, é possibilitar a estas a compreensão crítica da verdade de sua realidade.

Coerente com este princípio, não se pode aceitar, em tal forma de ação, a transferência de conhecimento, que implica sempre a existência de um polo que sabe e na de outro que nada sabe.

Do ponto de vista das classes dominantes, a ação cultural deve estar a serviço da preservação de seu poder. Daí a necessidade da mitificação da realidade, para o que aquelas classes contam com a ciência e a tecnologia sob seu comando.

Para os que se engajam na ação cultural para a libertação, a ciência é igualmente indispensável ao esforço, porém, de denúncia dos mitos veiculados pelas classes dominantes.

O caráter utópico da ação cultural para a libertação à distingue da outra forma de ação. Baseada em mitos, a ação cultural para a dominação não pode problematizar a realidade, propondo o seu desvelamento, pois que assim contradiria os interesses dominantes. Na ação cultural problematizante, pelo contrário, a realidade anunciada é o projeto histórico a ser concretizado pelas classes dominadas, em cujo processo a consciência semi-intransitiva como a ingênua são sobrepassadas pela consciência crítica — "máximo de consciência possível".

O exercício desta criticidade não se esgota, por outro lado, quando o anúncio se faz concretude. Ele se torna, ao contrário, absolutamente indispensável à difícil tarefa de construção da sociedade socialista.

Assim, a ação cultural para a libertação, que caracterizou o movimento que lutou pela realização do anúncio, deve transformar-se em revolução cultural.

Antes de fazer umas poucas considerações em torno dos distintos mas inter-relacionados momentos da ação cultural e da revolução cultural, digamos algo mais sobre os níveis de consciência.

Uma relação estreita foi estabelecida entre a ação cultural para a libertação, a conscientização como uma característica desta forma de ação e a superação da semi-intransitividade e da ingenuidade pela consciência crítica das classes dominadas — sua consciência de classe.

A consciência crítica não se constitui através de um trabalho intelectualista mas na práxis — ação e reflexão.

Numa perspectiva revolucionária — a das classes dominadas — esta ação consciente não lhes pode ser negada, nem no momento da denúncia-anúncio, nem quando o anúncio se concretiza. Neste, o exercício do pensar crítico, sobretudo com a superação da dicotomia entre trabalho manual e trabalho intelectual, vai ajudar a extrojeção dos mitos que se conservam, apesar da nova realidade em nascimento. Finalmente, neste período, o pensar crítico é fundamental também como um modo de enfrentar a potencialidade mitificante da tecnologia, que se faz necessária à recriação da sociedade.

Há duas direções possíveis que se oferecem à consciência ingênua. A primeira é a de alcançar o nível de criticidade, ou o que Goldmann chama de "máximo de consciência possível"; a segunda é a sua distorção numa forma "irracional" ou "fanática". O caráter mágico da consciência semi-intransitiva é, na consciência "irracional", substituído pelo "mítico". A "massificação" coincide com este nível de consciência. Diga-se de passagem, porém, que a "sociedade massificada" não deve ser identificada com a sociedade em que as massas populares emergem no processo histórico, como uma visão aristocrática do fenômeno pode sugerir. De fato, a emergência das massas populares, com suas exigências, é um fenômeno que corresponde à "rachadura" da sociedade fechada. A "sociedade massificada" aparece muito mais tarde: surge nas sociedades altamente tecnologizadas, absorvidas pelo mito do consumo. Nestas sociedades, a especialização necessária se transforma em "especialismo" alienante e a razão se distorce em "irracionalismo".

Ao contrário da especialização, contra a qual não poderíamos estar, os especialismos estreitam a área do conhecimento a tal ponto que os chamados "especialistas" se tornam geralmente incapazes de pensar mais além de seu delimitado campo. Pior, porque perdem a visão da totalidade de que a especialidade é apenas uma parte, não podem pensar corretamente nem mesmo no seu campo.

Da mesma maneira, a racionalidade, fundamental à ciência e à tecnologia, cede seu lugar ao "irracionalismo" mitificante, sob os efeitos extraordinários da própria tecnologia. As tentativas de explicar os seres humanos como um tipo superior de *robot* devem originar-se em tal "irracionalismo".[48]

Nas sociedades massificadas os indivíduos "pensam" e agem de acordo com as prescrições que recebem diariamente dos chamados meios de comunicação. Nestas sociedades, em que tudo ou quase tudo é pré-fabricado e o comportamento é quase automatizado, os indivíduos "se perdem" porque não têm de "arriscar-se". Não têm de pensar em torno das coisas mais insignificantes; há sempre um manual que diz o que deve ser feito na situação "A" ou na situação "B". Raramente se faz necessário parar na esquina de uma rua para pensar em que direção seguir. Há sempre uma flecha que desproblematiza a situação.

Mesmo que as indicações nas ruas não sejam um mal em si e que sejam necessárias em cidades cosmopolitas, elas são, porém, uma amostra, entre milhares de outros sinais direcionais que, introjetados, obstaculizam a capacidade de pensar criticamente.

A tecnologia deixa de ser percebida como uma das grandes expressões da criatividade humana e passa a ser tomada como uma espécie de nova divindade a que se cultua. A

---

[48] Em uma conversa recente com o autor, o psicanalista Michael Maccoby, assistente do dr. Erich Fromm, disse que resultados de suas investigações sugerem uma relação entre a mitificação da tecnologia e as atitudes necrofílicas.

eficiência deixa de ser identificada com a capacidade que têm os seres humanos de pensar, de imaginar, de arriscarem-se na atividade criadora para reduzir-se ao mero cumprimento, preciso e pontual, das ordens que vêm de cima.[49]

Esclareça-se, porém, que o desenvolvimento tecnológico deve ser uma das preocupações do projeto revolucionário. Seria simplismo atribuir a responsabilidade por esses desvios à tecnologia em si mesma. Seria uma outra espécie de irracionalismo, o de conceber a tecnologia como uma entidade demoníaca, acima dos seres humanos. Vista criticamente, a tecnologia não é senão a expressão natural do processo criador em que os seres humanos se engajam no momento em que forjam o seu primeiro instrumento com que melhor transformam o mundo.

Considerando que a tecnologia não é apenas necessária mas parte do natural desenvolvimento dos seres humanos, o problema que se coloca à revolução é o de como evitar os desvios míticos a que nos referimos.

Este não é um problema tecnológico, mas político, e se acha visceralmente ligado à concepção mesma que se tenha da produção. Se esta se orienta no sentido do "consumismo", dificilmente se evitará a mitificação da tecnologia, e a sociedade socialista repete, em parte, a capitalista.

---

[49] *Professionals who seek self-realization through creative and autonomous behavior without regard to the defined goals, needs and channels of their respective departments have no more place in a large Corporation or government agency than squeamish soldiers in the Army* [...]*.The social organization of the new technology by systematically denying to the general population experiences which are analogous to those of its higher management, contributes very heavily to the growth of social irrationality in our society.* John MacDermott, "Technology: the Opiate of Intellectuals". in *New York Review of Books*, v. 13, n. 2, julho de 1969.

Finalmente, clarifiquemos as razões por que temos falado da ação cultural e da revolução cultural como momentos distintos do processo revolucionário.

Em primeiro lugar, a ação cultural para a libertação se realiza em oposição às classes dominantes, enquanto a revolução cultural se faz com a revolução já no poder.

Os limites da ação cultural para a libertação se encontram na realidade opressora mesma e no silêncio imposto às classes dominadas pelas classes dominantes. São esses limites os que determinam as táticas a serem usadas, que são necessariamente diferentes das empregadas na revolução cultural.

Enquanto a ação cultural para a libertação enfrenta o silêncio como dado concreto e como realidade introjetada, a revolução cultural o confronta apenas como introjeção. Ambas são um esforço através do qual se nega, culturalmente, a cultura dominante, mas a revolução cultural já conta com as novas bases materiais que viabilizam aquela negação. A nova cultura que nasce no seio da velha que é negada não está isenta, porém, de uma permanente análise crítica. É que a revolução cultural não é imobilista.

A ação cultural para a libertação e a revolução cultural implicam a comunhão entre os líderes e as massas populares, como sujeitos da transformação da realidade. Na revolução cultural, porém, esta comunhão é tão íntima que líderes e povo se tornam um só corpo e permanente processo de autoavaliação.

Em dois pontos, porém, não há diferença entre a ação cultural para a libertação e a revolução cultural. Ambas têm na "dialética da sobredeterminação" a sua explicação necessária e são ambas conscientizadoras. Ser consciente, numa como na outra, não é um "slogan" nem expressão de idealismo, mas a forma radical de ser dos seres humanos.

Se estes fossem corpos inconscientes, incapazes de perceber, de conhecer que conhecem, de recriar; se fossem inconscientes de si mesmos e do mundo, a ideia de conscientização não teria sentido, mas, neste caso, tampouco teria sentido a ideia de revolução. A realidade material que condiciona a consciência não é a fazedora de si mesma, *las circunstancias se hacen cambiar precisamente por los hombres*, disse Marx.

Desde, porém, que a consciência é condicionada pela realidade, a conscientização é um esforço através do qual, ao analisar a prática que realizamos, percebemos em termos críticos o próprio condicionamento a que estamos submetidos.

Neste sentido, é um processo tão permanente quanto a revolução, que só para mentalidades mecanicistas cessa com a chegada ao poder. E é precisamente neste momento que muitos de seus mais sérios problemas começam e que algumas ameaças a espreitam, entre elas, a da burocracia esclerosante.

O PROCESSO DE ALFABETIZAÇÃO POLÍTICA: UMA INTRODUÇÃO

QUANDO ACEITEI ESCREVER ESTE artigo para Lutherische Monatshefte tomei seu tema como um desafio.

O próprio fato de tê-lo reconhecido como tal me obrigou a assumir em face dele uma atitude crítica e não ingênua.

Esta atitude crítica, em si própria, implica a penetração na "intimidade" mesma do tema, no sentido de desvelá-lo mais e mais. Assim, o artigo, ao ser a resposta que procuro dar ao desafio, se torna outro desafio a seus possíveis leitores. É que minha atitude crítica em face do tema me engaja num ato de conhecimento e este exige, não só o objeto cognoscível, mas também outro sujeito cognoscente, como eu.

Conhecer, que é sempre um processo, supõe uma situação dialógica. Não há estritamente falando um "eu penso", mas um "nós pensamos". Não é o "eu penso" o que constitui o "nós pensamos", mas, pelo contrário, é o "nós pensamos" que me faz possível pensar.

Na situação gnosiológica, o objeto de conhecimento não é o termo do conhecimento dos sujeitos cognoscentes, mas a sua mediação.

O tema que tenho diante de mim, como núcleo de minha reflexão, não pode ser o término de meu ato de conhecer porque é e deve ser o objeto que estabelece as relações cognoscentes entre mim e os prováveis leitores do artigo, como sujeitos, também, de conhecimento.

Assim, gostaria realmente de convidá-los a assumir este papel, recusando-se desta forma a transformarem-se em meros recipientes de minha análise.

Isso significa então que, ao escrever, não posso ser um puro narrador de algo que considere como um *fato dado*, mas, pelo contrário, tenho de ser uma mente crítica, inquieta, curiosa, constantemente em busca, admitindo-me como se estivesse com os leitores, que, por sua vez, devem recriar o esforço de minha busca.

A única diferença entre eu e os leitores, com relação ao tema mesmo, é que, enquanto estou em face dele, comprometido com sua clarificação e mais e mais fixando minha curiosidade sobre ele, os leitores estarão, de um lado, também em face dele mas, de outro, de minha compreensão dele, que expresso em meu artigo.

De fato, ler, como um ato de estudar, não é um simples passatempo, mas uma tarefa séria, em que os leitores procuram clarificar as dimensões opacas de seu estudo.

Desta forma, ler é reescrever e não memorizar os conteúdos da leitura. Devemos superar a ingênua compreensão do ato de ler e de estudar como um ato de "comer". Do ponto de vista desta falsa concepção que, como Sartre, poderemos chamar de "concepção nutricionista do conhecimento",[50] aqueles que leem e estudam devem fazê-lo para tornar-se "intelectualmente

[50] Jean-Paul Sartre, *Situations I*. Paris: Librairie Gallimard, 1959.

gordos". Daí o uso de expressões como "fome de conhecimento", "sede de saber", ter ou não "apetência pelo saber".

É a mesma falsa concepção que se encontra iluminando a prática educacional como um ato de transferência de conhecimento. Em tal prática, os educadores são os possuidores do conhecimento, enquanto os educandos são como se fossem "vasilhas vazias" que devem ser enchidas pelos depósitos dos educadores. Desta forma, os educandos não têm por que perguntar, questionar, desde que sua atitude não pode ser outra senão a de receber, passivamente, o conhecimento que os educadores neles depositam.

Se o conhecimento fosse algo estático e a consciência alguma coisa vazia, ocupando um certo espaço no corpo, a prática educacional referida estaria correta. Mas não é esse o caso. O conhecimento não é essa coisa feita e acabada e a consciência é "intencionalidade" ao mundo.

Ao nível humano, o conhecimento envolve a constante unidade entre ação e reflexão sobre a realidade. Como presenças no mundo, os seres humanos são corpos conscientes que o transformam, agindo e pensando, o que os permite conhecer ao nível reflexivo. Precisamente por causa disso podemos tomar nossa própria presença no mundo como objeto de nossa análise crítica. Daí que, voltando-nos sobre as experiências anteriores, possamos conhecer o conhecimento que nelas tivemos.

Quanto mais somos capazes de desvelar a razão de ser de por que somos como estamos sendo, tanto mais nos é possível alcançar também a razão de ser da realidade em que estamos, superando assim a compreensão ingênua que dela possamos ter.

É isso precisamente o que teremos de fazer — os leitores e eu — com relação ao tema deste artigo.

No momento em que o escrevo, tanto quanto no em que os leitores leiam o que estou escrevendo agora, temos de exercer aquela análise crítica antes referida. Isto é, temos de ter, como objeto de nossa reflexão, nossas experiências ou as experiências de outros sujeitos no campo que estamos tentando entender melhor. Assim nos será possível, em diferentes momentos, e não necessariamente ao mesmo nível, começar a perceber a real compreensão do contexto linguística: "o processo da 'alfabetização' política", em que o substantivo alfabetização aparece metaforicamente. Considerando a presença desta metáfora, parece-me que a melhor maneira de começar a nossa análise é a de estudar, mesmo rapidamente, o processo da alfabetização de adultos, do ponto de vista linguístico — que, de resto, é político também — e sobre que a metáfora se baseia.

Isso envolve, metodologicamente, algumas considerações em torno das diferentes práticas no campo da alfabetização de adultos, que implicam diferentes maneiras, também, como os analfabetos são compreendidos.

As práticas antagônicas, que refletem aquelas formas de perceber os analfabetos são, de um lado, a que costumo chamar de "domesticadora"; do outro, a libertadora.[51]

Depois de descrever a primeira destas práticas, em algumas de suas principais características, à luz de minha experiência na América Latina, discutirei como vejo a segunda delas.

A primeira, como prática "domesticadora", não importa se os educadores estão conscientes disto ou não, tem, como conotação central, a dimensão manipuladora nas relações entre educadores e educandos em que, obviamente, os segundos são os objetos passivos da ação dos primeiros. Desta forma, os alfabetizandos, como seres passivos, devem ser "enchidos" pelas palavras dos educadores, em lugar de serem convidados a participar criadoramente do processo de sua aprendizagem. As palavras geradoras que são escolhidas pelos educadores, dentro de seu marco cultural de referência, são apresentadas aos alfabetizandos como se fossem algo separado da vida. Como se linguagem-pensamento fosse possível sem realidade. Por outro lado, em tal prática educacional, as estruturas sociais nunca são discutidas como um problema a ser desnudado. Pelo contrário, elas são mitologizadas por diferentes formas de ação que reforçam a "consciência falsa" dos alfabetizandos.

---

[51] Isto não significa, porém, que o simples fato de desenvolver uma tal prática seja bastante para libertar as classes oprimidas. Isto significa que tal prática ajuda a libertação na medida em que contribui para que os alfabetizandos compreendam sua realidade em termos críticos.

De qualquer modo, em fazendo a crítica desta prática, penso ser necessário aclarar que o educador burguês consciente — não importa se professor primário, secundário, universitário ou se trabalhando no setor da alfabetização de adultos — não pode fazer outra coisa senão engajar-se numa tal forma de ação.

Seria na verdade uma atitude ingênua esperar que as classes dominantes desenvolvessem uma forma de educação que proporcionasse às classes dominadas perceber as injustiças sociais de maneira crítica.

Uma tal constatação demonstra a impossibilidade de uma educação neutra. Para a consciência ingênua, porém, uma afirmação como esta pode ser interpretada como se eu estivesse dizendo que, em não sendo neutra, a educação devesse ser (ou fosse sempre) a prática através da qual os educadores não respeitassem a expressividade dos educandos.

Isso é exatamente o que caracteriza a educação "domesticadora", mas não a de caráter libertador. Nesta última, pelo contrário, a educação é o procedimento no qual o educador convida os educandos a conhecer, a desvelar a realidade, de modo crítico. Assim, enquanto aquela procura estimular a "consciência falsa" dos educandos, de que resulta mais fácil sua adaptação à realidade, a segunda não pode ser um esforço pelo qual o educador impõe liberdade aos educandos.

É que, enquanto na educação domesticadora há uma necessária dicotomia entre os que manipulam e os que são manipulados, na educação para a libertação não há sujeitos que libertam e objetos que são libertados. Neste processo não pode haver dicotomia entre seus polos.

Assim, o primeiro processo é, em si, prescritivo; o segundo, dialógico.

Por isso, a educação para a "domesticação" é um ato de transferência de "conhecimento", enquanto a educação para a libertação é um ato de conhecimento e um método de ação transformadora que os seres humanos devem exercer sobre a realidade.

Desta forma, o processo de alfabetização de adultos, visto de um ponto de vista libertador, é um ato de conhecimento, um ato criador, em que os alfabetizandos exercem o papel de sujeitos cognoscentes, tanto quanto os educadores. Obviamente, então, os alfabetizandos não são vistos como "vasilhas vazias", meros recipientes das palavras do educador.

Deste ponto de vista, ainda, os alfabetizandos não são seres marginais que necessitem ser recuperados ou resgatados. Em lugar de assim serem considerados, eles são vistos como membros da grande família de oprimidos para quem a solução não está em aprender a ler estórias alienadas, mas em fazer história e por ela serem feitos.

Se começamos a considerar agora o problema da "alfabetização" política, parece que nosso ponto de partida deva ser a análise do que é o "analfabeto" político.

Se, do ponto de vista linguístico, o analfabeto é aquele ou aquela que não sabem ler e escrever, o "analfabeto" político — não importa se sabe ler e escrever ou não — é aquele ou aquela que têm uma percepção ingênua dos seres humanos em suas relações com o mundo, uma percepção ingênua da realidade social que, para ele ou ela, é um *fato dado*, algo que é e não que está sendo.[52]

Uma de suas tendências é fugir da realidade concreta — uma forma de negá-la — perdendo-se em visões abstratas do mundo.

De qualquer forma, contudo, não lhe é possível fugir da realidade na qual continua, sem assumir contudo, criticamente, sua presença nela.

Se é um cientista, tenta "esconder-se" no que considera a neutralidade de sua atividade científica, indiferente ao uso que se faça de seus achados, desinteressado em sequer pensar a serviço de quem trabalha. Quase sempre, ao ser indagado sobre isso, responde vagamente que está a serviço dos interesses da humanidade.

Se é um religioso, estabelece a impossível separação entre mundanidade e transcendência.

Se opera no campo das ciências sociais, trata a sociedade, enquanto objeto de seu estudo, como se dela não participasse. Em sua decantada imparcialidade, se aproxima da realidade em estudo com "luvas" e "máscaras" para não contagiar nem contagiar-se...

Sua concepção da história é mecanicista e fatalista. A história é o que foi e não o que está sendo e em que

[52] Neste sentido, muitos analfabetos e semianalfabetos, do ponto de vista linguístico, são, porém, politicamente "letrados", muito mais do que certos letrados eruditos. E não há nisto nenhuma razão de espanto. A prática política daqueles, sua experiência nos conflitos — no fundo a parteira real da consciência — lhes ensina o que os últimos não aprendem ou não conseguem aprender nos seus livros.

se gesta o que está por vir. O presente é algo que deve ser normalizado e o futuro, a repetição do presente, o que significa a manutenção do *status quo*.

Às vezes, contudo, o "analfabeto" político percebe o futuro, não como a repetição do presente, mas como algo preestabelecido, pré-dado. São visões, estas, domesticadoras do futuro. A primeira o domestica ao presente, que deve ser repetido; a segunda o reduz a algo inexorável. Ambas negam os seres humanos como seres da práxis e, ao fazê-lo, negam também a história. Sofrem ambas da falta de esperança.

O "analfabeto" político, experimentando um sentimento de impotência em face da irracionalidade de uma realidade alienante e todo-poderosa, procura refugiar-se na falsa segurança do subjetivismo. Às vezes, em lugar deste refúgio, devota-se a práticas puramente ativistas. Talvez se pudesse comparar o "analfabeto" político, entregue a essas práticas, de caráter político, com o outro analfabeto, o que, lendo mecanicamente um texto, não percebe, contudo, o que lê.

Em nenhum desses casos pode ele compreender os seres humanos como *presenças* no mundo, como seres da práxis — da ação e da reflexão sobre o mundo.

A dicotomia entre teoria e prática, a universalidade de um conhecimento isento de condicionamento histórico-sociológico, o papel da filosofia como explicação do mundo e instrumento para sua aceitação, a educação como pura exposição de fatos, como transferência de valores abstratos, da herança de um saber casto, tudo isso são crenças que a consciência ingênua do "analfabeto" político sempre proclama.

Para uma tal consciência é difícil entender a real impossibilidade de teoria sem prática, de pensamento sem ação transformadora sobre o mundo, saber por saber, teoria que somente explique a realidade e educação neutra.

Por outro lado, quanto mais refinada é a consciência ingênua do "analfabeto" político, tanto mais refratário se faz à compreensão crítica da realidade.

Na primeira parte deste artigo, passei algum tempo analisando o processo de alfabetização para a domesticação.

Gostaria agora de discutir, em linhas também gerais, alguns aspectos do que penso deve ser a educação de um ponto de vista crítico. Aquela em que, pela desmitologização da realidade, se ajudem educadores e educandos na superação do "analfabetismo" político.

De vez em quando, farei referências a ângulos anteriormente analisados. Espero, porém, que estes retornos, em lugar de irritarem os leitores, nos ajudem a mim e a eles na melhor clarificação de nosso tema comum.

Começarei afirmando ou reafirmando que, se não superarmos a prática da educação como pura transferência de um conhecimento que somente descreve a realidade, bloquearemos a emergência da consciência crítica, reforçando assim o "analfabetismo" político.

Temos de superar esta espécie de educação — se nossa opção é realmente revolucionária — por uma outra, em que conhecer e transformar a realidade são exigências recíprocas.[53]

Há um ponto de fundamental importância a ser sublinhado na superação da prática educativa domesticadora pela libertadora. Refiro-me à impossibilidade de uma real práxis libertadora se o educador segue o modelo do "domesticador".

Enquanto este é sempre o educador dos educandos, o educador para a libertação tem de "morrer" enquanto exclusivo educador dos educandos no sentido de renascer, no processo, como educador-educando dos educandos. Por outro lado, tem de propor aos educandos que também "morram" enquanto exclusivos educandos do educador para que renasçam como educandos-educadores do educador-educando.

Sem esta "morte" mútua e sem este mútuo "renascimento" a educação para a libertação é impossível.

Isso não significa, obviamente, que o educador desapareça como se fosse uma presença desnecessária. Rejeitando a manipulação, jamais aceitei o espontaneísmo.

A educação, como instrumento de reprodução da ideologia dominante ou como um método de ação transformadora revolucionária, exige sempre essa presença. Há, contudo, uma radical diferença entre as duas formas de estar presente e de ser presença. Freinet, para falar apenas num dos grandes pedagogos contemporâneos inscritos

[53] Não me parece necessário enfatizar que uma tal educação não pode ser posta em prática pelas classes dominantes. O lamentável, porém, é que não o seja em uma sociedade que fez a revolução ou que não seja experimentada pelos movimentos revolucionários, no seu esforço organizacional das classes dominadas.

na perspectiva libertadora, jamais deixou de estar *presente*, mas jamais, também, exacerbou sua presença a ponto de transformar a presença dos educandos em sombra da sua.

Impõe-se, realmente, ao educador em tal linha estar desperto para o fato de que, no momento mesmo em que se inicia no processo, está se preparando para "morrer" como exclusivo educador do educando. Ele não pode ser um educador para a libertação se apenas substitui o conteúdo da prática burguesa por outro, mantendo, contudo, a forma daquela prática.

No fundo, tem de viver a profunda significação da Páscoa.

Por essa razão, um dos trágicos equívocos de algumas sociedades socialistas, de que pelo menos Cuba e China são exceções, está em que não têm sido capazes, em termos profundos, de superar o caráter "domesticador" da educação burguesa à cuja herança se soma a do stalinismo.

Assim, quase sempre, a educação socialista se confunde com a redução do pensamento marxista — um pensamento que, em si mesmo, não pode ser "enjaulado" — a "tabletes" que devem ser "digeridos".

Deste modo, seus educadores caem na mesma prática "nutricionista" que caracteriza a educação domesticadora.

Perpetuando a escola como instrumento de controle social, dicotomizando ensinar de aprender, esquecem a fundamental advertência de Marx em sua *Terceira tese sobre Feuerbach*: "o educador deve também ser educado."

Desta forma, estimulam o "analfabetismo" político, através de uma educação que, em contradição com os reais objetivos socialistas, desdialetiza o pensamento.

A persistência da ideologia burguesa, em alguns de seus aspectos, se expressa numa estranha espécie de idealismo segundo o qual, alcançada a transformação da sociedade burguesa, um "novo mundo" é automaticamente criado.

Na verdade, porém, esse mundo novo não surge assim. Ele é criado no processo revolucionário que, devendo ser permanente, não se esgota com a chegada da revolução ao poder. A criação desse mundo novo, que jamais deve ser "sacralizado", exige a participação consciente das grandes massas populares, a superação da dicotomia trabalho manual — trabalho intelectual e uma forma de educação que não repita a burguesa.

Este é um dos grandes méritos da revolução cultural chinesa — o de recusar qualquer concepção estática, antidialética, imobilista da história. Daí a permanente mobilização do povo, no sentido de, conscientemente, criar e recriar sua sociedade. Ser consciente, na China, não é um "slogan" ou uma frase feita. Ser consciente é a forma radical de ser dos seres humanos.

Há algo, porém, sobre o que devo insistir para evitar possíveis incompreensões em que posso estar sendo envolvido desde o começo deste artigo.

Refiro-me, precisamente, ao papel da consciência na prática libertadora.

Começarei por dizer que, numa posição dialética, não me é possível aceitar a separação ingênua entre consciência e mundo. Quando o fazemos, caímos ou nas ilusões do idealismo ou nos erros do mecanicismo.[54]

Assim, a palavra brasileira conscientização, com que, de modo geral, me refiro ao processo pelo qual os seres humanos se inserem criticamente na ação transformadora, não deve ser compreendida como uma manifestação idealista.

Se nossa visão é dialética, nem subjetivista, de um lado, nem mecanicista, de outro, não podemos, no processo da conscientização, atribuir à consciência um papel que ela não tem, o de transformar a realidade. Mas não podemos também reduzir a consciência a um mero reflexo da realidade.

Na conscientização, um dos ângulos importantes será o de provocar o reconhecimento do mundo, não como um "mundo dado" mas como um mundo dinamicamente "dando-se".

Desta forma, a conscientização envolve a constante clarificação do que fica escondido dentro de nós, enquanto nos movemos no mundo, não necessariamente tomando-o como objeto de nossa reflexão crítica.[55]

Sei, muito bem, que a conscientização, implicando esta reflexão crítica sobre a realidade como algo dando-se e, também, o anúncio de outra realidade, não

---

[54] *There are two ways of falling idealism: the first one consists of dissolving the real in subjectivity; the other in denying all real subjectivity in the interests of objectivity.* Jean-Paul Sartre, *Search for a Method*. Nova York: Vintage Books, 1968, p. 33.

[55] A este propósito, cf. Karel Kosik, *Dialética do concreto*. Rio de Janeiro: Paz e Terra, 1976.

pode prescindir da ação transformadora sem a qual não se concretiza o anúncio.

Sei, muito bem, que a simples superação da percepção ingênua da realidade por uma crítica não é bastante para que as classes oprimidas se libertem. Para tal, elas necessitam organizar-se revolucionariamente e revolucionariamente transformar a realidade. Esta organização demanda, porém, uma ação consciente que envolve a clarificação do que se encontra opaco na "visão de fundo da consciência".

Por isso mesmo é que a criação da nova realidade, anunciada na crítica revolucionária da velha, não exaure o processo de conscientização. Ele é tão permanente quanto a revolução verdadeira.

Se os seres humanos, como seres transformadores, restarem "aderidos" à nova realidade, resultante de sua ação, serão submergidos numa nova "opacidade".

A conscientização que ocorre como processo num dado momento deve continuar no que se segue, em que a realidade transformada assume um novo perfil.

Genebra, 1970

Algumas notas sobre humanização e suas implicações pedagógicas

Nenhum tema é apenas o que aparece na forma linguística que o expressa. Há sempre algo mais oculto, mais profundo, cuja explicitação se faz indispensável à sua compreensão geral. Desta forma, escrever sobre um tema implica buscar, tanto quanto possível, romper as aparências enganosas que podem conduzir-nos a uma distorcida visão do mesmo. Isso significa que temos de realizar o esforço difícil de desembaraçá-lo destas aparências para apanhá-lo como fenômeno dando-se numa realidade concreta.

Por esta operação, que é uma operação de busca, vamos ao encontro do tema na riqueza de suas inter-relações com aspectos particulares, às vezes não suspeitados, mas que lhe são solidários. Tanto mais sejamos capazes de um tal adentramento nele, quanto mais poderemos captá-lo em seu complexo dinamismo.

Desta forma, escrever sobre um tema, como o entendemos, não é um mero ato narrativo. Ao apreendê-lo, como fenômeno dando-se na realidade concreta, que mediatiza os homens, quem escreve tem de assumir frente a ele uma atitude gnosiológica.

Os que leem, por sua vez, assumindo a mesma atitude, têm de refazer o esforço gnosiológico anteriormente feito por quem escreveu. Isto significa que quem lê não deve ser um simples paciente do ato gnosiológico daquele. Ambos, finalmente, precisam evitar o equívoco socrático que tomava a definição do conceito como o conhecimento da coisa definida.

Desta forma, o que temos de fazer não é propriamente definir o conceito do tema, nem tampouco, tomando o que ele envolve como um *fato dado*, simplesmente descrevê-lo ou explicá-lo mas, pelo contrário, assumir perante ele uma atitude comprometida. Atitude de quem não quer apenas descrever o que se passa como se passa, porque quer, sobretudo, transformar a realidade para que, o que agora se passa de tal forma, venha a passar-se de forma diferente.

Esta atitude comprometida em face dos temas, porém, não significa que, no processo de conhecer a realidade como se está dando, partamos de posições preconcebidas. Isto é, de posições que, distorcendo os fatos nos quais se encontram envolvidos os temas, terminariam por "domesticá-los" à nossa vontade.

Ao procurar conhecer cientificamente a realidade em que se dão os temas, não devemos submeter nosso procedimento epistemológico à "nossa verdade", mas buscar conhecer a *verdade* dos fatos. Isto não quer dizer, contudo, que ao empenhar-nos no conhecimento científico da realidade, devamos assumir em face dela, como dos resultados de nossa investigação, uma atitude neutra. É necessário não confundirmos a preocupação com a verdade, que deve caracterizar todo esforço científico realmente sério, com a tão propalada neutralidade da ciência, que de fato não existe.

Nossa atitude comprometida — e não neutra — diante da realidade que buscamos conhecer resulta, num primeiro momento, de que o conhecimento é processo que implica a ação — reflexão do homem sobre o mundo. Acontece, porém, que o caráter teleológico da unidade ação-reflexão, isto é, da práxis, com que o homem, transformando o mundo, se transforma, não pode prescindir daquela atitude comprometida que, desta forma, em nada prejudica nosso espírito crítico ou nossa cientificidade. O que não nos é legítimo fazer é pôr-nos indiferentes ao destino que possa ser dado a nossos achados por aqueles que, detendo o poder das decisões e submetendo a ciência a seus interesses, prescrevem suas finalidades às maiorias.

Por outro lado, a atitude comprometida diante dos temas se explica ainda pelo fato de que todo tema tem o seu contrário e envolve tarefas a serem cumpridas, tão antagônicas entre si quanto contrários os temas entre eles. Assim, ao adentrar-nos na compreensão de um tema, ao desvelá-lo, desvelamos igualmente o seu contrário, o que nos impõe uma opção que, por sua vez, passa a exigir de nós uma forma de ação coerente com as tarefas apontadas no tema. Daí que, no exercício destas tarefas, ao mesmo tempo em que temos de ser eficientes, não podemos desenvolver um tipo de ação que corresponde à eficiência do tema antagônico. Quanto mais vamos conhecendo a realidade histórico-social em que se constituem os temas em relação dialética com seus contrários, tanto mais nos é impossível tornar-nos neutros em face deles. Por isso mesmo é que toda neutralidade proclamada é sempre uma opção escondida. É que os temas, insistamos, enquanto históricos, envolvem orientações valóricas dos homens na experiência existencial dos mesmos.

Não pode ser outra a nossa posição em face do tema que agora nos reúne — tal o da humanização dos homens e suas implicações educativas.

No momento mesmo em que nos aproximamos, criticamente, a este processo e o reconhecemos como um tema, somos obrigados a apreendê-lo, não como um ideal abstrato, mas como um desafio histórico, em sua relação contraditória com a de desumanização que se verifica na realidade objetiva em que estamos. Isso significa que desumanização e humanização não podem ocorrer a não ser na história mesma dos homens, dentro das estruturas sociais que os homens criam e a que se acham condicionados.

A primeira, como expressão concreta de alienação e dominação; a segunda, como projeto utópico das classes dominadas e oprimidas. Ambas implicando, obviamente, a ação dos homens sobre a realidade social — a primeira, no sentido da preservação do *status quo*; a segunda, no da radical transformação do mundo opressor.

Parece-nos importante enfatizar esta obviedade — a da relação entre desumanização e humanização, bem como o fato de que ambas demandam a ação dos homens sobre a realidade, ora para mantê-la, ora para modificá-la, para que evitemos as ilusões idealistas, entre elas a que sonha com a humanização dos homens sem a transformação necessária do mundo em que eles se encontram oprimidos e proibidos de ser. Uma tal ilusão, que satisfaz os interesses de todos quantos têm condições favoráveis de vida, revela facilmente a ideologia que se concretiza em formas assistencialistas de ação em que os proibidos de ser são convidados a esperar com paciência por dias melhores que, mesmo tardando, não faltarão...

Não há, porém, humanização na opressão, assim como não pode haver desumanização na verdadeira libertação. Mas, por outro lado, a libertação não se dá dentro da consciência dos homens, isolada do mundo, senão na práxis dos homens dentro da história que, implicando a relação consciência-mundo, envolve a consciência crítica desta relação.

Aí está um dos pontos fundamentais das implicações pedagógicas do processo da humanização, que nos leva à percepção de outra impossibilidade sublinhada por nós em diferentes trabalhos — a da neutralidade da educação. Desta forma, assim como a luta pela humanização pressupõe a desumanização, como fato concreto ou como ameaça, assim também ambas envolvem práticas educativas antagônicas. É que, como temas contrários entre si, a humanização e a desumanização apontam tarefas educativas necessariamente contrárias também. Por isso é que o educador que fez a opção humanista, portanto, libertadora, não estará apto a cumprir a tarefa vinculada ao tema de sua opção, enquanto não tenha sido capaz, através de sua própria prática, de perceber corretamente as relações dialéticas consciência-mundo ou homem-mundo.

É que, no fundo, uma das radicais diferenças entre a educação como tarefa dominadora, desumanizante, e a educação como tarefa humanizante, libertadora, está em que a primeira é um puro ato de transferência de conhecimento, enquanto a segunda é ato de conhecer. Essas tarefas radicalmente opostas, que demandam procedimentos da mesma forma opostos, incidem ambas, como não podia deixar de ser, sobre a relação consciência-mundo.

Assim, enquanto para a educação como tarefa dominadora, nas relações consciência-mundo, aquela aparece como se fosse e devesse ser um simples recipiente vazio a ser "enchido", para a educação como tarefa libertadora e humanista a consciência é "intencionalidade" até o mundo.

No primeiro caso, o caráter ativo, captador do conhecimento existente, que tem a consciência, é negado.

Daí que, na educação como tarefa dominadora, a negação daquele caráter ativo da consciência envolva o uso de práticas pelas quais se busca "domesticá-lo", procurando-se, assim, transformar a consciência naquele recipiente vazio acima referido. Desta forma, a educação ou ação cultural para a dominação não pode ser nada mais que aquele ato através do qual o educador, como "o que sabe", transfere ao educando, como "o que não sabe", o conhecimento existente.

No segundo caso, pelo contrário, ao constatar-se o caráter ativo, indagador, pesquisador da consciência, como consciência reflexiva e não apenas reflexa, que lhe faz possível conhecer, automaticamente se constata a faculdade que ela tem, de um lado, de reconhecer ou de refazer o conhecimento existente; de outro, de desvelar e de conhecer o ainda não conhecido. Se assim não fosse, isto é, se a consciência que pode reconhecer o conhecimento existente não fosse capaz de buscar novos conhecimentos, não haveria como explicar o próprio conhecimento hoje existente, uma vez que, como processo, o conhecimento que hoje existe foi viabilidade e logo depois conhecimento novo, com relação ao conhecimento existente ontem e assim sucessivamente.

Deste modo, a educação ou a ação cultural para a libertação, em lugar de ser aquela alienante transferência de conhecimento, é o autêntico ato de conhecer, em que os educandos — também educadores — como consciências "intencionadas" ao mundo ou como corpos conscientes, se inserem com os educadores — educandos também — na busca de novos conhecimentos, como consequência do ato de reconhecer o conhecimento existente. Mas — não será demasiado reenfatizar — para que a educação, como prática da libertação, possa tentar a realização de um tal reconhecimento do conhecimento existente, de que decorre a procura de novos conhecimentos, jamais pode fazer coincidir sua forma de "tratar" a consciência do homem com o modo pelo qual a "trata" a educação dominadora. Daí a necessidade a que fizemos referência anteriormente de o educador, que fez a opção humanista, perceber corretamente as relações consciência-mundo ou homem-mundo.

É por essa razão que a prática educativo-libertadora se obriga a propor aos homens uma espécie de "arqueologia" da consciência, através de cujo esforço eles podem, em certo sentido, refazer o caminho natural pelo qual a consciência emerge capaz de perceber-se a si mesma. No processo de "hominização" em que a reflexão se instaura, se verifica o "salto individual, instantâneo, do instinto ao pensamento".[56] Desde aquele remotíssimo momento, porém, a consciência reflexiva caracterizou o homem como um animal não apenas capaz de conhecer, mas também capaz de saber-se conhecendo. Desta forma, ao emergir, a consciência emerge como "intencionalidade" e não como recipiente a ser enchido.

A percepção crítica deste fato, de um lado, desfaz o dualismo simplista que estabelece uma inexistente dicotomia entre a consciência e o mundo; de outro, retifica o equívoco em que se encontra a consciência ingênua, ideologizada nas estruturas da dominação, tal o de considerar-se como aquele recipiente vazio a ser enchido de conteúdos.

Por isso mesmo é que, quanto mais sejam os homens "anestesiados" no seu poder reflexivo, que ao ser adquirido,

---

[56] Teilhard de Chardin, *El fenómeno humano*. Madri: Taurus, 1963, p. 218.

no processo de sua evolução,[57] os distingue fundamentalmente dos animais, tanto mais se encontram obstaculizados de libertarem-se[58] verdadeiramente. Parece fácil, assim, entender como, do ponto de vista da ideologia desumanizante, se faz indispensável evitar, a todo custo, qualquer esforço através do qual o homem se perceba como um ser reflexivo, ativo, criador, transformador do mundo. E como interessa, pelo contrário, à tal ideologia, operacionalizar a concepção domesticadora da consciência como espaço vazio que deve ser enchido.

Diante de seus objetivos e da procura de realizá-los, as classes dominantes se defrontam, porém, com um obstáculo que vêm tentando superar, cada vez mais eficientemente, através da ciência e da técnica a seu serviço. Não lhes sendo possível matar ou fazer desaparecer a capacidade de pensar dos homens, mitificam a realidade, condicionando-lhes um pensar falso sobre si e sobre o mundo.

A mitificação da realidade consiste em fazê-la passar pelo que ela não está sendo. Desta forma, como processo, tal mitificação implica, necessariamente, a falsificação da consciência. É que seria impossível falsificar a realidade, como realidade da consciência, sem falsificar a consciência da realidade. Uma não existe sem a outra.

---

[57] Ibid.

[58] Não queremos com isso dizer que o simples uso da capacidade reflexiva seja suficiente para a libertação. É claro que a libertação demanda a ação transformadora sobre a realidade objetiva em que os homens se acham oprimidos, portanto, desumanizados. Mas, como não há autêntica reflexão sem ação e vice-versa, ambas, em última análise indicotomizavelmente, constituem a real práxis dos homens sobre o mundo, sem a qual é impossível a libertação.

Assim como o processo de libertação envolve aquela "arqueologia" da consciência através da qual, como dissemos antes, o homem, refaz o caminho natural pelo qual a consciência emerge capaz de perceber-se, no processo de dominação a mitificação implica o desenvolvimento da "irracionalidade". Esta, contudo, não significa um retorno a uma forma de vida meramente instintiva, mas a distorção da razão. O elemento mítico aí introduzido não proíbe propriamente que o homem pense; dificulta o exercício de sua criticidade, dando ao homem a ilusão de que pensa certo. A propaganda se instaura, então, como o instrumento eficiente para a efetivação desta ilusão. Através dela, não apenas se propalam as "excelências" da ordem social, mas também se difunde que toda tentativa de indagação em torno dela é em si "um ato subversivo e pernicioso ao bem comum". Desta forma, a mitificação conduz à "sacralização" da ordem social, que não permite ser tocada nem discutida. Daí que todos os que tentam fazê-lo tenham de ser punidos, desta ou daquela forma,[59] e sejam perfilados, através também da propaganda, como "maus cidadãos a serviço da demonização internacional".

A "sacralização" da ordem social domesticadora é tão necessária à sua preservação quanto a "abertura" crítica o é à sociedade que se insere na busca permanente da humanização dos homens. Por isso, obviamente, todo

[59] Os níveis de punição variam em função dos níveis de oposição daqueles que recusam acomodar-se à "bovinização" imposta pela ordem opressora.

esforço de mitificação tende a tornar-se totalizador, isto é, tende a atingir o quefazer humano em todas as suas dimensões. Nenhuma esfera pode escapar à falsificação, pois qualquer exceção pode vir a converter-se em ameaça à "sacralização" da ordem estabelecida. Neste sentido, a escola, não importa qual seja o seu nível, vem desempenhando um papel dos mais importantes, como eficiente instrumento de controle social. Não são raros os educadores para quem "educar é adaptar o educando a seu meio" e a escola, em regra, não vem fazendo outra coisa senão isto.

De modo geral, o bom aluno não é o inquieto, o indócil, o que revela sua dúvida, o que quer conhecer a razão dos fatos, o que rompe os modelos prefixados, o que denuncia a burocracia mediocrizante, o que recusa ser objeto. O bom aluno, ao contrário, é o que repete, é o que renuncia a pensar criticamente, é o que se ajusta aos modelos, é o que "acha bonito ser rinoceronte".[60]

Por outro lado, o professor, que se "diviniza" na sacralidade da escola igualmente sacralizante é, quase sempre, um intocável, não apenas com relação à sua autoridade mitificada, mas até — e coerentemente — quanto a seu corpo. O aluno não pode, num gesto afetivo, sequer por-lhe a mão no ombro. Esta intimidade de mortais ameaçaria a distância necessária entre ele e os educandos... Estes, afinal, não têm nada a fazer a não ser receber os conteúdos que o educador lhes

[60] Cf. Eugène Ionesco, *Rhinocéros*. Paris: Gallimard, 1959.

transfere, acrescidos do caráter ideológico necessário aos interesses da ordem "sacralizada".

What did you learn in school today, dear little boy of mine?
What did you learn in school today, dear little boy of mine?

I learned that Washington never told a lie,
I learned that soldiers seldom die,
I learned that everybody's free,
And that's what the teacher said to me.

That's what I learned in school today,
That's what I learned in school.

I learned that policemen are my friends,
I learned that justice never ends,
I learned that murderers die for their crimes
Even if we make a mistake sometimes.
I learned our government must be strong,
It's always right and never wrong
Our leaders are the finest men
And we elect them again and again.

I learned that war is not so bad,
I learned about the great ones we have had,
We've fought in Germany and in France,
And someday I may get my chance.

That's what I learned in school today,
That's what I learned in school.[61]

---

[61] "What Did You Learn in School Today?", música de Tom Paxton, cantada por Pete Seeger.

Com uma ou outra diferença, esta bem pode ser a canção que milhões de meninos de diferentes partes do mundo poderão cantar se lhes perguntarmos o que aprenderam hoje na escola.

Mas, se nossa curiosidade cresce e passamos a perguntar aos jovens o que aprenderam hoje na universidade, sua resposta não será em nada dramaticamente inferior à do menino da canção de Tom Paxton. Poderão dizer, entre outras coisas:

> Aprendemos hoje na universidade que a objetividade da ciência implica a neutralidade do cientista; aprendemos hoje que o saber é puro, universal e incondicionado e que a universidade é a sede deste saber.
>
> Aprendemos hoje, ainda quando não verbalizadamente, que o mundo se divide entre os que sabem e os que não sabem — isto é, os que trabalham — e que a universidade é a casa dos primeiros. Aprendemos hoje que a universidade, enquanto templo de um saber casto, tem de pairar acima das terrestres preocupações como, por exemplo, a da libertação dos homens. Aprendemos hoje que a realidade é um fato dado; que ela é o que é e que nossa imparcialidade científica nos permite apenas descrevê-la como é. Por isso mesmo, para descrevê-la como é, não temos de indagar as razões maiores que a explicam como é. Se, pelo contrário, procuramos denunciá-la como está sendo para anunciar uma nova forma de ser, aprendemos hoje na universidade que já não seremos cientistas, mas ideólogos... Aprendemos

hoje que o desenvolvimento econômico é um problema puramente técnico; que os povos subdesenvolvidos *são* incapazes — às vezes, por mestiçagem, às vezes, por questão de clima, às vezes, por natureza.

Fomos informados hoje de que os negros aprendem menos que os brancos porque são geneticamente inferiores, mesmo que revelem certas indiscutíveis capacidades, como, por exemplo, a de correr, a de usar as mãos, a de resistir fisicamente a trabalhos mais pesados.

O indubitável é que toda esta mitificação, através da escola ou não, termina por obstaculizar a capacidade crítica dos homens, em favor da preservação do *status quo.*

A introjeção desses como a de outros tantos mitos explica formas de ação contraditórias com as opções proclamadas por muitos.

Falam no respeito à pessoa humana e a pessoa humana se esclerosa numa frase banal, pois não a reconhecem nos homens concretos que se encontram dominados e "coisificados".

Dizem-se comprometidos com a libertação e agem de acordo com os mitos que negam a humanização.

Analisam os mecanismos sociais de repressão mas, ao mesmo tempo, através de meios igualmente repressivos, freiam os estudantes a quem falam.

Dizem-se revolucionários mas, ao mesmo tempo, não creem nas classes oprimidas a quem pretendem conduzir à libertação, como se isso não fosse uma contradição aberrante.

Querem a humanização dos homens mas, ao mesmo tempo, querem também a manutenção da realidade social em que os homens se acham desumanizados.

No fundo, temem a liberdade. Ao temê-la, porém, não podem arriscar-se a construí-la na comunhão com os que se acham dela privados.

Genebra, 1970

O papel educativo das Igrejas na América Latina[62]

Começaremos este ensaio com uma afirmação que, revelando nossa clara posição diante do objeto de nosso estudo é, também, ao mesmo tempo, uma obviedade. Não podemos discutir, de um lado, as Igrejas, de outro, a educação e, finalmente, o papel das primeiras com relação à segunda, a não ser historicamente.

As Igrejas, de fato, não existem como entidades abstratas. Elas são constituídas por mulheres e homens "situados", condicionados por uma realidade concreta, econômica, política, social e cultural. São instituições inseridas na história, onde a educação também se dá. Da mesma forma, o quefazer educativo das Igrejas não pode ser compreendido fora do condicionamento da realidade concreta em que se acham.

No momento, porém, em que levamos a sério tais afirmações, já não podemos aceitar a neutralidade das Igrejas em face da história, assim como a neutralidade da educação.

Deste modo, entre os que proclamam esta neutralidade, vamos encontrar, de um lado, os ingênuos, de diferentes matizes, "inocentes", com a melhor das in-

---

62 Escrito em 1971, este trabalho foi publicado em 1973 pelo Study Encounter, Genebra, sob o título *Education, Liberation and the Church*.

tenções, na sua percepção da Igreja e da história. De outro lado, os/as que, "espertamente", escondem sua opção real.

Do ponto de vista objetivo, contudo, todos eles se identificam nas consequências de suas práticas. Ao insistirem na inviável neutralidade da Igreja em face da história, em face das atividades políticas, não fazem outra coisa senão exercer uma atividade política, em favor, porém, das classes dominantes e contra as classes dominadas. Não se pode "lavar as mãos" em face de inconciliáveis, a não ser tomando-se o partido dos fortes.

Há, porém, um modo sutil, pouco explícito, às vezes, de servir aos interesses dos fortes dando a aparência de uma ação em favor das classes oprimidas. Mais uma vez, nesta modalidade de ação, vamos encontrar, de mãos dadas, os "inocentes" e os "espertos" anteriormente referidos, mesmo que os "inocentes" não o saibam.

Referimo-nos aqui às práticas que costumamos chamar de "ação anestesiadora" ou de "ação aspirina", expressões de um idealismo subjetivista que só pode levar à preservação do *status quo*.

São estas, em última análise, modalidades de ação, cujo pressuposto consiste na ilusão — ou em fazer crer nela — de que é possível transformar o coração dos homens e das mulheres, deixando, contudo, virgens, intocadas, as estruturas sociais em que o "coração" não pode ter "saúde".

Esta ilusão de que, com prédicas, obras humanitárias e o desenvolvimento de uma racionalidade desgarrada do mundo é possível, primeiro, mudar as consciências, depois, transformar o mundo, existe apenas naqueles que chamamos de "inocentes" e a quem Niebuhr chama de "moralistas".[63]

Os "espertos" sabem muito bem que, com tais formas de ação, retardam o processo fundamental que é, na verdade, o da transformação radical das estruturas sociais para que se possa dar, com a instauração de uma nova prática social, a mudança das consciências. Mudança que, por sua vez, não é mecanicamente automática.

Mas ainda quando, objetivamente, como já salientamos, os resultados da ação de uns e de outros sejam igualmente prejudiciais, do ponto de vista da libertação das classes dominadas, há uma importante diferença, entre eles, que merece ser ressaltada.

Uns e outros "atravessam" a ideologia das clamas dominantes e por ela são "atravessados", mas os "espertos" assumem essa ideologia. São bastante conscientes do que fazem.

Os "inocentes", por sua vez, através de sua própria prática histórica, ao desvelar a realidade e sendo nela desvelados, tanto podem assumir a ideologia da dominação, transformando, assim, sua "inocência" em "esperteza", quanto podem renunciar a suas ilusões idealistas. Neste caso, então, retiram sua adesão acrítica às classes dominantes e, comprometendo-se com as classes oprimidas, iniciam uma nova aprendizagem com elas.

Isto não significa porém que o seu compromisso com as classes dominadas já se tenha selado em forma verdadeira.

---

[63] Reinhold Niebuhr, *Moral Man and Immoral Society*. Nova York: Charles Scribner's Sons, 1960.

É que, na prática de seu novo aprendizado, terão de enfrentar, de modo mais sério e mais profundo, o caráter arriscado do existir. E não é fácil fazê-lo.

A primeira exigência que este novo aprendizado lhes faz abala fortemente sua concepção elitista da existência, que haviam introjetado no processo de sua ideologização.

Esse aprendizado requer, como condição *sine qua*, que eles façam realmente sua Páscoa. Isto é, que "morram" como elitistas para renascerem como revolucionários, por mais humilde que seja sua tarefa como tais.

Isso implica a renúncia de seus mitos, tão caros a eles. O mito de sua "superioridade", o mito de sua pureza de alma, o mito de suas virtudes, o mito de seu saber, o mito de que sua tarefa é salvar os pobres. O mito da inferioridade do povo, o mito de sua impureza, não só espiritual, mas física,[64] o mito de sua ignorância absoluta.

Cedo percebem que a indispensável Páscoa, de que resulta a mudança de sua consciência, tem realmente de ser

---

[64] Certa vez, em um dos vários seminários de que participamos em diferentes partes da América Latina, ouvimos de um dos presentes:

— Se o senhor diz que não é possível diálogo entre antagônicos, como posso então dialogar com os favelados?

— Por quê? — perguntamos.

— Porque somos antagônicos.

— Como explica seu antagonismo?

— Eu sei, eles não sabem. Além disso, eles são malcheirosos.

Dentro de toda a sua sabedoria, o homem de nosso exemplo não sabia algo tão óbvio: que sua condição de classe lhe dava a possibilidade de banhar-se com água quente no inverno duro, de usar cheirosos sabonetes e desodorantes mil, assim como a possibilidade de mudar de roupa diariamente. Sem tais condições, que em nada são intrínsecas ao ser de ninguém, ele seria tão malcheiroso quanto os favelados de seu exemplo.

existenciada. A Páscoa verdadeira não é verbalização comemorativa, mas práxis, compromisso histórico. A Páscoa na verbalização é "morte" sem ressurreição. Só na autenticidade da práxis histórica, a Páscoa é morrer para viver. Mas uma tal forma de experimentar-se na Páscoa, eminentemente biofílica, não pode ser aceita pela visão burguesa do mundo, essencialmente necrofílica, por isso mesmo estática.

A mentalidade burguesa tenta matar o dinamismo histórico e profundo que tem a Passagem. Faz dela uma simples data na folhinha.

A ânsia da posse,[65] que é uma das conotações da forma necrofílica de ligação com o mundo, recusa a significação mais profunda da Travessia. Na verdade, porém, não posso fazer a Travessia se carrego em minhas mãos, como objetos de minha posse, o corpo e alma destroçados dos oprimidos. Só posso empreender a Travessia com eles, para que possamos juntos renascer como homens e mulheres, libertando-nos. Não posso fazer da Travessia um meio de possuir o mundo, porque ela é, irredutivelmente, um meio de transformá-lo.

Da mesma maneira, aprendem que a consciência não se transforma através de cursos e discursos ou de pregações eloquentes, mas na prática sobre a realidade.

Assim, aprendem igualmente a distorção idealista, por exemplo, que faziam da tão incompreendida conscientização quando pretendiam ter nela uma medicina mágica para a cura dos "corações", sem a mudança das estruturas sociais. Ou, noutra versão não menos idealista, quando

---

[65] A este respeito, cf. Erich Fromm, op. cit.

pretendiam ter na conscientização o instrumento igualmente mágico para fazer a conciliação dos inconciliáveis. Daí que a conscientização lhes aparecesse como uma espécie de "terceiro caminho", através do qual se evitassem os conflitos de classes.

Milagrosamente, a conscientização criaria um mundo de paz e de harmonia entre classes opressoras e classes oprimidas, estabelecendo a necessária compreensão entre elas. Conscientizadas umas e outras, já não haveria nas sociedades opressores e oprimidos porque todos, mando-se fraternalmente, resolveriam as suas dificuldades através de mesas redondas, com bom café, ou bom pisco, ou boa tequilla ou mesmo Coca-Cola.

No fundo, esta visão idealista, que só serve aos interesses das classes dominantes, é a mesma que Niebuhr condenou veementemente, chamando-a de moralista.[66]

Tal mistificação da conscientização na América Latina, e não apenas nela, feita, não importa se pelos "inocentes" ou se pelos "espertos", se vem constituindo, naturalmente, em um obstáculo e não em uma ajuda ao processo de libertação.

Na verdade, na medida em que esta mistificação da conscientização transforma-a numa panaceia, coloca-a, de um lado, a serviço das classes dominantes, mas, de outro, termina por estimular a que muitos grupos sérios latino-americanos, sobretudo de jovens, caiam no equívoco oposto ao do idealismo, que é o objetivismo mecanicista.

---

[66] Referindo-se aos "moralistas", diz Niebuhr: *They do not recognize that when collective power, whether in the form of imperialism or class domination, exploits weakness, it can never be dislodged unless power is raised against it* [...]. *Modern religious idealists usually follow in the make of social scientists in advocating compromise and accommodation as the way to social justice.* Op. cit., pp. XII; XIX.

Reagindo ao subjetivismo alienante que explica aquela distorção, os referidos grupos terminam por negar o papel da consciência na transformação da realidade, negando, desta forma, a dialetização consciência realidade. Já não percebem a diferença entre consciência das necessidades de classe e consciência de classe.[67] Entre ambas há uma espécie de hiato dialético a ser resolvido. O subjetivismo tanto quanto o objetivismo mecanicista são incapazes de fazê-lo.

Estes grupos estão certos, sem dúvida, quando recusam, tanto quanto nós, que a consciência possa ser modificada fora da práxis. É preciso, contudo, salientarmos que a práxis, através da qual a consciência se transforma, não é pura ação, mas ação e reflexão. Daí a unidade entre prática e teoria, em que ambas se vão constituindo, fazendo-se e refazendo-se num movimento permanente no qual vamos da prática à teoria e desta a uma nova prática.

A práxis teórica não é outra coisa senão a que realizamos, desde o contexto teórico, ao tomar distância da práxis realizada ou realizando-se no contexto concreto,[68] no sentido de clarificá-la. Por isso mesmo é que a práxis teórica só é autêntica na medida em que o movimento

---

[67] *For the purposes of the historian, [...] I the student of micro-history, or of history "as it happened" (and of the present "as it happens") as distinct from the general and rather abstract models of the historical transformation of societies, class and the problem of class consciousness are inseparable. Class in the full sense only comes into existence at the historical moment when classes begin to acquire consciousness of themselves as such.* Eric John Hobsbawm, "Class Consciousness in History", in István Mészáros (org.), *Aspects of History and Class Consciousness.* Londres: Routledge and Kegan Paul, 1971, p. 6.

[68] A propósito das relações entre o contexto concreto e o contexto teórico, no ato de conhecer, cf. Karel Kosik, op. cit.

dialético entre ela e a subsequente práxis, a ser realizada no contexto concreto, não seja rompido. Daí que sejam ambas essas formas de práxis momentos indicotomizáveis de um mesmo processo pelo qual conhecemos em termos críticos. Isso significa, em outras palavras, que a reflexão só é verdadeira quando nos remete, como salienta Sartre[69] ao concreto sobre o qual a exercemos.

Nesse sentido é que a conscientização, associada ou não ao processo de alfabetização, pouco importa, não pode ser uma blá-blá-blá alienante, mas um esforço crítico de desvelamento da realidade, que envolve necessariamente um engajamento político.

Não há conscientização se, de sua prática, não resulta a ação consciente[70] dos oprimidos, como classe social explorada, na luta por sua libertação. Por outro lado, ninguém conscientiza ninguém. O educador e o povo se conscientizam através do movimento dialético entre a reflexão crítica sobre a ação anterior e a subsequente ação no processo daquela luta.

Outra dimensão da mitificação da conscientização realizada pelos "inocentes" ou pelos "espertos" é a tentativa de conversão da tão propalada educação para a libertação a um problema puramente metodológico, tomando-se os métodos como algo neutro, assexuado. Desta forma se pretende esvaziar a ação educativa de seu conteúdo político e a expressão "educação para a libertação" já não faz sentido.

---

[69] Jean-Paul Sartre, *Search for a Method*.

[70] A este propósito, cf. György Lukács, *Histoire et conscience de classe*. Paris: Éditions de Minuit, 1960.

Na verdade, na medida em que tal modalidade de educação se reduz a um conjunto de métodos e de técnicas com os quais educandos e educadores olham a realidade social — quando a olham — para simplesmente descrevê-la, esta educação é tão domesticadora quanto outra qualquer. A educação libertadora não pode ser a que busca libertar os educandos de quadros-negros para oferecer-lhes projetores. Pelo contrário, é a que se propõe, como prática social, a contribuir para a libertação das classes dominadas. Por isso mesmo, é uma educação política, tão política quanto a que, servindo às classes dominantes, se proclama, contudo, neutra. Daí que uma tal educação não possa ser posta em prática, em termos sistemáticos, antes da transformação revolucionária da sociedade.[71]

Seria realmente uma ingenuidade, que só os "inocentes" podem ter, esperar que as classes dominantes pusessem em prática um tipo de educação que as desvelasse mais do que as contradições em que se acham envolvidas já o fazem.

Todos esses são descobrimentos que um número cada vez maior de cristãos vem fazendo na América Latina e que exigem deles, como afirmamos anteriormente, uma tomada de posição — ou transformam sua "inocência" em "esperteza" e, assim, assumem conscientemente a ideologia da dominação ou, pelo contrário, se engajam na busca real da libertação dos oprimidos.

Dissemos antes que seu novo aprendizado com as classes dominadas, no caso em que renunciem à sua

---

[71] Paulo Freire, *Pedagogia do oprimido*.

adesão acrítica às classes dominantes, lhes fazia desafios inéditos, cujas respostas demandavam deles que assumissem riscos até então desconhecidos.

De fato, no processo deste novo aprendizado, cedo começam a perceber que, enquanto exerciam formas de ação puramente paliativas, não apenas no setor da assistência social, por exemplo, mas também no especificamente religioso, participando, ardorosamente, de campanhas como "a família que reza unida permanece unida", eram exaltados por suas virtudes cristãs.

No momento, porém, em que, pela própria experiência, vão percebendo que a família que reza unida precisa de casa, de trabalho livre, de pão, de roupa, de saúde, de educação para seus filhos, de expressar-se e de expressar seu mundo, criando e recriando, precisa ser respeitada no seu corpo, na sua alma, na sua dignidade, para permanecer unida não na dor apenas e na miséria, neste momento mesmo, ao revelar sua percepção nova de tal realidade, passam a ter a sua própria fé posta em parêntese por aqueles que, achando pouco o seu poder político, econômico ou eclesiástico, pretendem ainda apoderar-se da consciência dos demais.

Na medida em que seu novo aprendizado vai levando-os a uma cada vez mais clara inteligência da dramática realidade do povo, associada a novas formas de ação já menos assistencialistas, passam a ser vistos como figuras "diabólicas", a serviço da demonização internacional. Demonização que ameaça a "civilização ocidental e cristã", que de cristã pouca coisa realmente tem.

Assim, aprendem por meio da prática mesma que nunca tinham sido neutros nem imparciais no tempo de sua "inocência".

Neste momento, contudo, assustados, não suportando assumir o risco existencial que o engajamento histórico exige, muitos voltam, "espertamente", às ilusões idealistas.

Precisam, porém, racionalizar o seu retorno. Proclamam, então, a necessidade de defender as massas populares, "incultas e incapazes", para que não percam a sua crença em Deus, "tão bonita, tão mansa, tão edificante". Defendê-las da "maldade subversiva de falsos cristãos que elogiam a Revolução Cultural Chinesa e falam em favor da Revolução Cubana".

Arregimentam-se na "defesa da fé", quando, em verdade, se unem na defesa de seus interesses de classe, subordinando aquela a estes interesses. Desta forma, têm de insistir na neutralidade da Igreja, cuja tarefa fundamental deve ser, para eles, a de fazer a conciliação dos inconciliáveis, através da estabilidade máxima possível da realidade social. Assim, castram a dimensão profética da Igreja, cujo testemunho passa a ser o do temor à mudança, o do temor à transformação radical do mundo injusto, com medo de perder-se no "futuro incerto".

Mas, ao temer perder-se no futuro incerto, ao pretender evitar o risco implícito no futuro que deve ser construído e não recebido é que a Igreja realmente se perde. Daí que não possa experimentar-se na unidade da denúncia e do anúncio. Denúncia da realidade injusta; anúncio da realidade a ser criada com a transformação radical daquela.

Desta forma, tanto quanto as classes sociais dominantes, às quais se atrela, não pode ser utópica, profética, nem esperançosa.[72] Ao privar-se de sua visão profética, sua tendência é formalizar-se na ritualização burocrática em que a esperança, sem relação com o futuro, é mera abstração alienada e alienante. Em lugar de ser um estímulo ao caminhante é um convite à estabilidade. No fundo, esta é uma Igreja que se proíbe de fazer a Páscoa de que fala. É uma Igreja "morrendo de frio", sem condições de responder aos anseios de uma juventude inquieta a quem já não é possível falar uma linguagem medieval, pois que se encontra desafiada pela dramaticidade de seu tempo. Juventude que, em parte, pelo menos, sabe muito bem que o problema fundamental da América Latina não é a "preguiça do povo", ou sua "inferioridade" ou sua "falta de educação", mas o imperialismo, não como abstração ou um "slogan", mas como uma realidade tangível, como uma presença invasora, destruidora. Sem a superação desta contradição fundamental, as sociedades dependentes latino-americanas poderão apenas modernizar-se.

---

[72] *From the beginning of modern times, hopes for something new from God have emigrated from the Church and have been invested in revolution and rapid social change. It was most often reaction and conservatism that remained in the Church. Thus, the Christian Church became "religious", that is, she cultivated and apotheosized tradition. Her authority was sanctioned by what had been in force always and everywhere from earliest times.* Jürgen Moltmann, *Religion, Revolution and the Future*. Nova York: Charles Scribner's Sons, 1969, pp. 5-6.

Estão certos os teólogos latino-americanos que, engajando-se historicamente, cada vez mais, com os oprimidos, defendem hoje uma teologia política da libertação e não uma teologia do "desenvolvimento" modernizante. Estes teólogos, sim, podem começar a responder, em certos aspectos, às inquietações de uma geração que opta pela transformação revolucionária de sua sociedade e não pela conciliação dos inconciliáveis.

Eles sabem muito bem que só os oprimidos, como classe social proibida de dizer sua palavra, podem vir a ser utópicos, proféticos e esperançosos, na medida em que seu futuro[73] não é a mera repetição deformada de seu presente. Seu futuro é a concretização de sua libertação, sem a qual não podem ser. Só eles podem denunciar a "ordem" que os esmaga e, na práxis da transformação desta "ordem", anunciar um mundo novo a ser refeito constantemente.

Por isso é que sua esperança não é um convite à estabilidade, que não existe apenas no tradicionalismo, mas também na "modernização" alienadora. Sua esperança é um chamamento à "caminhada", não a uma "caminhada" errante, de quem renuncia ou foge, mas à "caminhada" de quem toma a história nas mãos, fazendo-a

[73] Na verdade só os oprimidos podem conceber um futuro completamente diferente de seu presente, na medida em que alcançam a consciência de classe dominada. Os opressores, enquanto classe dominante, não podem conceber o futuro a não ser como preservação de seu presente de opressores. Assim, enquanto o futuro dos primeiros está na transformação revolucionária da sociedade, sem a qual não haverá sua libertação, o futuro dos segundos está na pura modernização da sociedade, com a qual podem ou esperam manter o domínio de classe.

e nela refazendo-se. Caminhada que é, em última análise, a sua Travessia necessária, na qual têm de "morrer" enquanto classe oprimida para renascer como homens e mulheres novos.

Esta Travessia, contudo, enfatizemos mais uma vez, não pode ser feita "dentro" de sua consciência, mas na história. Ninguém faz a Travessia apenas na "interioridade" de seu ser.

Há também, contudo, aqueles que, em número cada vez maior, sem renunciar às suas posições cristãs, ou a elas renunciando, vão tornando-se mais e mais comprometidos com a causa da libertação das classes dominadas.

Sua experiência lhes vem ensinando que ser cristão não significa necessariamente ser reacionário, como ser revolucionário não implica ser "demoníaco". Ser revolucionário significa estar contra a opressão, contra a exploração, em favor da libertação das classes oprimidas, em termos concretos e não em termos idealistas.

Através de seu novo aprendizado perceberam finalmente que é pouco dizer que homens e mulheres são pessoas humanas mas nada fazer, objetivamente, para que existenciem sua condição de pessoa. Aprenderam que não é com obras assistencialistas ou, como prefere Niebuhr, "humanitárias" que as classes oprimidas podem realmente autenticar-se como pessoas.

Ultrapassaram os primeiros embates que muitos de seus companheiros de Travessia não resistiram, o que não quer dizer, porém, que todos cheguem a suportar as provas mais duras que têm ainda pela frente. É que, se, em certo momento do processo, a violência dos opressores se exercia quase exclusivamente sobre a classe operária, poupando, o mais das vezes, os intelectuais comprometidos, pois que estes, em última análise, fazem parte da mesma totalidade das classes dominantes, em outro, aquela violência se faz indiscriminadamente. É como se a violência se "democratizasse"...

Este instante provoca de um lado a retirada de alguns, o seu silêncio, a sua acomodação; de outro, porém, novas adesões.

Uma das diferenças fundamentais, contudo, entre os que partem e os que ficam, está em que os últimos assumem a existência como a tensão dramática entre o passado e o futuro, entre a morte e a vida, entre ficar e partir, entre criar e não criar, entre dizer a palavra e o silêncio castrador, entre a esperança e o desespero, entre ser e não ser.

Como seres humanos, de fato, é uma ilusão pensar que podemos escapar a esta tensão dramática. Não podemos submergir na dramaticidade de nossa própria forma de estar sendo no mundo, o que significaria a nossa perda na alienação da quotidianeidade.[74] Na verdade, se me perco na quotidianeidade, perdendo, ao mesmo tempo, a percepção da dramática significação de minha existência, minha tendência é tornar-me fatalista ou cínico. Por outro lado, se busco emergir da quotidianeidade, no sentido de assumir a dramaticidade de minha existência, mas não me faço comprometido historicamente, não tenho outro caminho senão cair

[74] Cf. Karel Kosik, op. cit.

num intelectualismo vazio, igualmente alienado. Assim, é possível que fale da existência como desespero ou impossibilidade.

Desta forma, não tenho outra maneira de superar a quotidianeidade alienante senão através de minha práxis histórica em si mesma social, e não individual. Somente na medida em que assumo totalmente minha responsabilidade no jogo desta tensão dramática é que me faço uma *presença* consciente no mundo. Como tal, não posso aceitar ser mero espectador, mas, pelo contrário, devo buscar meu lugar, o mais humilde, o mais mínimo que seja, no processo de transformação do mundo. Assim, então, a dramática tensão entre passado e futuro, entre a morte e a vida, entre a esperança e o desespero, entre ser e não ser, já não existe como uma espécie de beco sem saída, mas é percebida como realmente ela é: um permanente desafio ao qual devo responder. E a resposta não pode ser outra senão o compromisso com a libertação das classes oprimidas, através da transformação revolucionária da sociedade.

A revolução, contudo, não esgota a dramática tensão da nossa existência. Ela resolve as contradições antagônicas que fazem a tensão mais dramática. Mas, precisamente porque participa da tensão, ela é tão permanente quanto aquela.

Dentro da história, é impossível pensar na instauração de um reino de paz imperturbável. A história é devenir, é acontecimento humano.

Mas, em lugar de sentir-me desapontado e assustado na descoberta crítica da tensão em que me acho como um ser humano, descubro nela, pelo contrário, a alegria de ser.

Por outro lado, contudo, não posso reduzir a tensão dramática à minha experiência existencial, apenas. Naturalmente, não posso negar a singularidade de minha existência, mas isso não significa que minha existência pessoal tenha uma significação absoluta em si mesma, isolada de outras existências. Pelo contrário, é na intersubjetividade, mediatizada pela objetividade, que minha existência ganha sentido.

O "eu existo" não precede ao "nós existimos", se constitui nele. A concepção individualista burguesa da existência não é suficiente para retirar dela sua base social e histórica. Mulheres e homens, como seres humanos, são produtores de existência e o ato de produzi-la é social e histórico, ainda quando tenha a sua dimensão pessoal.

A existência não é desespero, mas risco. Não posso ser se não existo perigosamente. Mas, se a existência é histórica, o risco existencial não é uma categoria abstrata, senão histórica também. Isso significa que, se existir é arriscar-se, onde quer que a existência se dê, as formas de arriscar-se bem como a eficiência no arriscar-se não podem ser as mesmas em diferentes espaços e tempos.

Nossa realidade histórico-social condiciona a nossa forma de arriscar-nos. Daí que o testemunho não possa ser importado. Pretender a universalidade do conteúdo e da forma do risco existencial é uma ilusão idealista que não pode ser aceita por ninguém que pense dialeticamente.

Uma tal forma de pensar — a dialética — se constitui, por outro lado, como um dos fundamentais desafios aos que fizeram a nova opção e a quem estamos discutindo nesta parte de nosso trabalho. É que sua formação pequeno-burguesa, individualista, intelectualista, que dicotomiza teoria de prática, transcendência de mundanidade, trabalho intelectual de trabalho manual, nem sempre é superada, facilmente, mesmo entre aqueles que se experimentam com o povo.

Sua marca pequeno-burguesa se expressa constantemente através de atitudes e de práticas em que as classes dominadas aparecem como puros objetos de seu "revolucionarismo impaciente".

No seu novo aprendizado com o povo não há outro caminho senão a "travessia" entre a subjetividade e a objetividade e, ao fazê-lo, oscilam muitas vezes entre o subjetivismo idealista e o objetivismo mecanicista, entre o intelectualismo verboso e o ativismo que recusam a reflexão séria. Daí que tanto possam reativar as matrizes idealistas, como possam cair no "revolucionarismo impaciente", antes referido.

Ambas estas posturas, como afirmamos no início deste estudo, são obstáculos ao autêntico processo de libertação. Ambas terminam por negar o verdadeiro papel da consciência de classe na transformação revolucionária.

A análise mais detida deste fato não é, porém, o objetivo deste trabalho.

Ao procurarmos analisar agora, de maneira mais detida, o papel das Igrejas na América Latina, em face de uma de suas tarefas, a da educação, teremos de voltar a algumas das afirmações feitas no corpo deste ensaio. Em primeiro lugar, à impossibilidade de sua neutralidade política. Por isso mesmo, se torna inviável discutir esse papel abstratamente, uma vez que ele, como a concepção da educação, seus objetivos, métodos, conteúdo, tudo está condicionado pela opção resultante daquela impossibilidade. Seria incorrer na mesma ilusão idealista que criticamos se pretendêssemos realizar tal análise fora da realidade histórica, tomando a educação e seus objetivos como ideias puras, imutáveis, essências mais acima da existência concreta do mundo mesmo.

Não escapam a este condicionamento, de um lado, a própria capacitação teológica dos quadros da Igreja militante, de outro, a educação geral realizada através das Igrejas.

Numa sociedade de classes, são as elites do poder, necessariamente, as que definem a educação e, consequentemente, seus objetivos. E estes objetivos não podem ser, obviamente, endereçados contra os seus interesses. Como dissemos anteriormente, seria uma ingenuidade primária esperar de tais elites que pusessem em prática, ou que consentissem ser posta em prática, em caráter geral e sistemático, uma educação que, desafiando o povo, lhe permitisse perceber a *raison d'être* da realidade social. O máximo que tais elites permitem é a expressão verbal de tal educação e, vez ou outra, algumas experiências, logo paralisadas, se revelam algum perigo à estabilidade.

Por isso mesmo não nos surpreenderíamos se o Conselho Episcopal Latino-americano — Celam —, que tem falado sempre em seus documentos oficiais de educação libertadora, viesse a sofrer restrições por parte das elites do poder, mediatizadas por aquela Igreja antiprofética de que falamos anteriormente.

Esta Igreja que "morre de frio" no seio morno da burguesia, não pode olhar com bons olhos e ouvir com bons ouvidos a defesa das ideias e de práticas consideradas pelas elites como "diabólicas".

A nossa tarefa se simplificaria se tivéssemos de nos perguntar qual deveria ser o papel das Igrejas na América Latina em face da educação se esta pergunta pressupusesse a coerência das Igrejas com relação ao Evangelho.

A verdade, contudo, não é esta e não podemos pensar no vazio. É inviável falar objetivamente de um papel unificado das Igrejas latino-americanas em face da educação. Há papéis distintos, em função da linha política, clara ou oculta ou disfarçada, que diferentes Igrejas vêm assumindo historicamente na América Latina.

Um papel, por exemplo, que corresponde a uma Igreja tradicionalista, que não chegou ainda a desvencilhar-se de suas marcas intensamente coloniais. Missionária no pior sentido da palavra, "conquistadora" de almas, esta Igreja, dicotomizando mundanidade de transcendência, toma aquela como a "sujeira" na qual os seres humanos devem pagar por seus pecados. Por isso mesmo, quanto mais sofram tanto mais se purificam e, assim, alcançam o céu, a paz eterna. O trabalho não é a ação dos homens e das mulheres sobre o mundo, refazendo-o e fazendo-se nele, mas a "pena que pagam por ser homens" e mulheres.

Esta linha tradicionalista, não importa se protestante ou católico-romana, se constitui no que o sociólogo suíço Christian Lalive chama de "refúgio das massas".[75]

[75] Christian Lalive, *El refugio de las massas: estudio sociologico del protestantismo chileno*. Santiago: Editorial del Pacífico, 1968.

É que uma tal postura em face do mundo, em face da vida, satisfaz à impotência da consciência fatalista dos oprimidos, em certo momento de sua experiência histórica. Aí encontram eles uma espécie de bálsamo para o seu cansaço existencial.

Por isso, quanto mais imersas na cultura do silêncio estejam as massas populares, quanto maior for a violência das classes opressoras, tanto mais tendem aquelas massas a refugiarem-se em tais Igrejas.

Mergulhadas na cultura do silêncio, onde a única voz é a das classes dominantes, encontram nesta Igreja uma espécie de "útero" no qual se "defendem" da agressividade da sociedade. Por outro lado, ao desprezarem o mundo, como mundo do pecado, do vício, da impureza, em certo sentido "se vingam" de seus opressores, que são os "donos" deste mundo. É como se dissessem aos opressores: "Os senhores são poderosos, mas possuem um mundo feio, que nós recusamos."

Proibidas de dizer sua palavra, enquanto classe social subordinada, ganham, no "refúgio", a ilusão de que falam, na expressão de suas súplicas de salvação.

Nada disso, contudo, resolve sua situação concreta de oprimidos. A sua catarse, em última análise, as aliena mais, na medida em que se faz em antagonismo com o mundo e não com o sistema socioeconômico que estraga o mundo.

Assim, tendo o mundo em si mesmo como antagônico, tentam o impossível, que é renunciar à mediação dele na sua Travessia.

Desta forma, querem chegar à transcendência sem passar pela mundanidade; querem a meta história, sem experimentar-se na história; querem a salvação sem a libertação.

A dor que sofrem no processo de sua dominação as faz aceitar esta anestesia histórica, sob cujo efeito buscam fortalecer-se para lutar contra o demônio e o pecado, deixando, porém, em paz, as causas reais de sua opressão. Assim não podem vislumbrar, mais além das situações concretas, o "inédito viável"[76] — o futuro como tarefa de libertação que têm de criar.

Esta forma tradicional de Igreja corresponde às sociedades "fechadas", com um mínimo de mercado interno, exportadoras de matérias-primas; sociedades preponderantemente agrícolas, em que a cultura do silêncio é a conotação fundamental. Na mesma medida em que estas estruturas sociais arcaicas persistem em pleno processo de modernização de tais sociedades, a Igreja tradicionalista igualmente persiste nele. Mas seria um equívoco pensar que a sua presença na transição em que entra esta ou aquela sociedade se verificasse apenas nas áreas intocadas pela modernização. Na verdade, nos próprios centros urbanos, transformando-se sob o impacto da industrialização, constata-se facilmente a força de tal tradicionalismo religioso.[77] É que somente a mudança qualitativa da consciência popular pode superar definitivamente a necessidade da "Igreja como refúgio das massas". E esta mudança qualitativa não se opera, como dissemos anteriormente, nem "dentro" da consciência por ela mesma, nem automática nem mecanicamente.

---

[76] Cf. Paulo Freire, *Pedagogia do oprimido.*

[77] Cf. Beatriz Muniz de Souza, *A experiência da salvação: pentecostais em São Paulo*. São Paulo: Editora Duas Cidades, 1969.

Por outro lado, a modernização tecnológica não traz consigo, necessariamente, a criticização das massas populares, uma vez que, não sendo neutra, depende da ideologia que a ilumina.

Por tudo isso e por muito mais que a extensão deste trabalho não permite analisar, a linha tradicionalista a que nos referimos se constitui como uma afiada indiscutível das classes dominantes, não importa que alguns dos que a lideram possam estar inconscientes disto.

O papel que tais Igrejas podem desempenhar e vêm desempenhando no campo da educação tem, portanto, de estar condicionado por sua visão do mundo, da religião, dos seres humanos e de seu "destino". Sua concepção da educação, que se concretiza em uma prática correspondente, não pode deixar de ser quietista, alienada e alienante.

Somente os que ainda se encontram "inocentemente" nesta perspectiva e não "espertamente" podem superar o seu equívoco, através de sua práxis, para, comprometendo-se com as classes dominadas, em forma diferente, fazem-se realmente proféticos.

Evoluindo desta perspectiva tradicionalista, uma nova posição vem sendo assumida por outras Igrejas, no quadro histórico da América Latina.

Esta nova posição começa a constituir-se na referida transição que a América Latina vem experimentando e em que se verifica a superação de estruturas tradicionais por estruturas modernizando-se. As massas populares, antes preponderantemente "imersas" no processo histórico,[78] ini-

[78] Paulo Freire, *Educação como prática da liberdade*.

ciam sua "emersão" como resposta necessária ao processo de industrialização. A sociedade, inserida em tal passagem, começa a mudar. Desafios novos se apresentam às classes dominantes, exigindo delas respostas diferentes.

Os interesses imperialistas, que em si condicionam a própria transição da sociedade, se fazem mais e mais agressivos, expressando-se através de variadas formas de penetração e de controle da sociedade dependente. Em certo momento deste período, a ênfase no processo da industrialização provoca a configuração de uma "ideologia do desenvolvimento", de caráter nacionalista, que, entre outras teses, defende o pacto entre as "burguesias nacionais" e o proletariado emergente.

Os economistas latino-americanos são os primeiros a lançar-se à análise de tal processo, a quem se juntam sociólogos e alguns educadores. A noção e a prática do planejamento se instauram. A Comissão Econômica para a América Latina — CEPAL —, de assessoria à América Latina, exerce uma influência decisiva em tal fase, não apenas através de suas missões técnicas, mas também através do esforço de explicitação de suas teses em torno da política do "desenvolvimento". À CEPAL se vem juntar, mais tarde, a contribuição do Instituto Latino-Americano de Planejamento Econômico e Social ILPES — como aquela, um organismo da ONU, que tem, como uma de suas tarefas, a capacitação de economistas para todo o continente.

Nada disso, porém, se deu nem poderia dar-se no ar. Mas, pelo contrário, dentro da história mesma que a

América Latina, mais intensamente em uma sociedade, menos em outra, vivia.

Seria impossível compreender todo este movimento com as diferentes perspectivas que se expressam nessa época, em face do "atraso da América Latina", como se resultasse do acaso ou de meros caprichos de alguns homens.

Os já referidos interesses econômicos imperialistas, a necessidade de expansão de seu mercado, por exemplo, forçavam as próprias elites nacionais, no fundo, quase sempre, puras metástases das externas, a buscar caminhos de superação das estruturas arcaicas, sem o que aqueles interesses se frustrariam.

O importante, porém, do ponto de vista do imperialismo e de seus aliados nacionais, era que tal processo reformista, chamado sloganizadamente de desenvolvimento, não afetasse os pontos centrais das relações entre a sociedade matriz e as sociedades dependentes. No fundo, "desenvolvimento" na dependência. Desta forma, obviamente, o ponto de decisão política, econômica, cultural da transformação da sociedade dependente deveria permanecer na sociedade matriz, a não ser em certos aspectos que, delegados a ela, não alterariam em essência seu estado de sociedade subordinada.

Por isso mesmo é que as sociedades latino-americanas, com exceção de Cuba, depois de sua revolução, vêm modernizando-se e não desenvolvendo-se, no sentido real da palavra.

O desenvolvimento da América Latina só se dará na medida em que se resolva sua contradição fundamental ou princípio que configura sua dependência. Isso significará que o ponto de decisão de sua transformação se encontrará dentro de suas sociedades, mas, ao mesmo tempo, fora das mãos de uma elite burguesa, superposta às massas populares oprimidas. É inviável o desenvolvimento integral numa sociedade de classes. Neste sentido é que desenvolvimento é libertação, de um lado, da sociedade dependente como um todo em face do imperialismo; de outro, das classes sociais oprimidas em relação às classes opressoras.

De qualquer forma, porém, o processo de expansão imperialista engendra fatos inéditos, de caráter político e social. A transição que a sociedade dependente sofre implica a presença contraditória de um "proletariado modernizando-se, ao lado de um proletariado tradicional; de uma pequena burguesia técnico profissional, ao lado de uma classe média tradicional".[79] De uma Igreja tradicional, ao lado de uma Igreja modernizando-se; de uma educação livresca, "florida", ao lado de uma educação técnico-profissional que começa a ser ensaiada, como exigência necessária da industrialização.

É que a passagem que faz a sociedade de uma etapa à outra não se dá automaticamente, como pensam os mecanicistas. Não há fronteiras geograficamente rígidas entre tais fases, daí que coexistam dimensões de ambas na Transição.

A presença do proletariado modernizando-se, exercitando-se numa nova experiência histórica — a da Transição —

[79] Cf. Fernando Henrique Cardoso, *Politique et développement dans les sociétés dépendantes*. Paris: Éditions Anthropos, 1971.

gera o surgimento do populismo, como um novo estilo de ação política. Sua liderança joga o papel de mediadora entre as classes populares "emergindo" e as classes dominantes.[80]

Não é possível, por isto mesmo, pensar em populismo se as massas populares não fizeram ainda a sua "emersão". Daí que, nas sociedades em Transição, ele não afete as áreas latifundiárias pelo fato de que, em tais circunstâncias, as massas camponesas se acham "imersas".

Por outro lado, no quadro histórico em que o populismo se constitui, sua tendência é a de se caracterizar como um tipo de ação "assistencialista", de que decorre o seu caráter manipulador. É que as massas populares "emergem" no processo histórico intensamente condicionadas por toda a sua experiência na cultura do silêncio.

Emergem, obviamente, sem consciência de classe, pois que não podiam tê-la no estado anterior, o de sua imersão. Aparecem tão ambíguas quanto ambíguo é o populismo que a elas responde. De um lado, reivindicam; de outro, aceitam as fórmulas assistencialistas e manipuladoras.

É por esta razão também que as Igrejas tradicionalistas perduram, na Transição, inclusive nos centros urbanos, modernizando-se. E a tendência de tais Igrejas é prestigiar-se desde que, esgotada a etapa do populismo, em certas sociedades latino-americanas, elas entrem em nova transição, caracterizada por regimes militares violentos.

"Reativando" nas massas populares sua velha forma de ser, constituída na cultura do silêncio, a repressão as

---

[80] Cf. Francisco Weffort, *Classes populares e política (contribuição ao estudo do populismo)*. São Paulo: Universidade de São Paulo, 1968.

leva à Igreja como "refúgio". Esta Igreja, mais do que existe ao lado das que se vão modernizando, segundo já vimos, também se moderniza, em certos aspectos, com o que se torna mais eficiente no seu tradicionalismo.

É importante observar, dentro da Transição, que, assim como o processo de modernização da sociedade dependente não traduz alterações fundamentais em sua relação com a sociedade matriz, e a emersão das massas não quer dizer sua consciência crítica ou de classe, a linha modernizante das Igrejas não significa seu compromisso histórico com as classes oprimidas, no sentido de sua real libertação.

Desafiada pela eficiência que começa a ser exigida pelas sociedades que vão superando suas estruturas arcaicas, a Igreja modernizante aperfeiçoa sua burocracia para ser mais eficaz, quer na sua atividade social assistencial, quer na sua ação pastoral. Interessa-se, assim, por substituir as formas empíricas antes usadas no seu quefazer assistencial, por procedimentos técnicos. Seus antigos "Centros de Caridade", orientados por leigos — na Igreja Católica, por Filhas de Maria — passam a chamar-se "Centros de Comunidade", sob a direção de assistentes sociais. Os homens e as mulheres que antes eram João, Carolina, Joaquim, Madalena, são agora números em fichas verdes, amarelas e azuis. Os chamados meios de comunicação com as massas, no fundo, meios de "comunicados" às massas, são uma atração irresistível. Mas o que há de condenável na Igreja "moderna" e modernizante não é propriamente a sua preocupação, de resto importante, com o aperfeiçoamento de seus instrumentos de trabalho, mas a sua opção política, inegável, ainda que muitas vezes escondida, que se encontra condicionando a sua própria modernização. Tanto quanto as Igrejas tradicionalistas, de que ela é uma versão nova, o seu compromisso real não é com as classes sociais dominadas, mas com as elites do poder. Daí que defenda as reformas estruturais e não a transformação radical das estruturas; daí que fale em "humanização do capitalismo" e não em sua total supressão.

Enquanto as Igrejas tradicionalistas alienam as classes sociais dominadas, revelando-lhe o mundo como seu antagônico, a Igreja modernizante as aliena, em forma diferente, ao apoiar os reformismos que preservam o *status quo*.

Reduzindo expressões como "humanismo", "humanização", "promoção humana", a categorias abstratas, as esvazia de sua real significação, tornando-se assim um blá-blá-blá, que só não é inoperante porque ajuda as forças reacionárias. Na verdade, não há humanização sem libertação, assim como não há libertação sem a transformação revolucionária da sociedade de clamas, em que a humanização é inviável.

Em tal sociedade, a libertação é o "inédito viável" das classes dominadas. Sua concretização, porém, só se dá na ultrapassagem daquela sociedade e não na simples modernização de suas estruturas.

Na medida em que a Igreja modernizante não vai mais além das mudanças periféricas em tal sociedade, advogando medidas paliativas, de caráter neocapitalista, a sua audiência não pode ser outra senão a dos já referidos "inocentes" ou "espertos".

A juventude que se acha desafiada pela realidade dramática da América Latina, desde que não seja "inocente" ou "esperta", não pode aceitar o convite que lhe faz a Igreja modernizante para encarnar posições conservadoras, que são igualmente as reformistas. Não apenas recusa este chamamento mas até, provocada por ele, assume atitudes nem sempre válidas, como, por exemplo, a postura objetivista que analisamos noutra parte deste trabalho.

Na verdade, ao assumir posições conservadoras, recusadas por aquela juventude, esta Igreja não contradiz seu "modernismo". É que a modernização que estamos analisando é eminentemente conservadora, na medida mesma em que reforma para melhor preservar o *status quo*. Neste sentido, a Igreja modernizante, conservadora, "fica", na aparência de que "anda" ou "caminha"; "estabiliza-se", dando a impressão de que "marcha". Morre porque recusa morrer.

A Igreja modernizante diria hoje, de novo, ao Cristo: "Por que, Mestre, partir, se tudo aqui é tão belo, tão bom!"

A sua linguagem é uma linguagem que esconde em lugar de iluminar. Em face da situação concreta de opressão, numa sociedade de classes, fala de "pobres" ou de "menos favorecidos" e não de classes oprimidas.

Pondo no mesmo nível a alienação das classes sociais dominantes e a das classes oprimidas, pretende desconhecer a contradição antagônica entre elas, que resulta do próprio sistema que as cria. Se o sistema aliena umas e outras, as aliena, contudo, em forma diferente.

As primeiras se alienam enquanto, transformando o *ser* no *falso ter*, se exacerbam no poder e já não o são autenticamente; as segundas, porque, proibidas de ser, são quase coisas. Engendrando o trabalho como mercadoria o sistema cria aqueles que compram e aqueles que vendem a força do trabalho. O equívoco dos inocentes e a esperteza dos espertos está em afirmar que a superação de tal contradição é uma questão de consciência moral.[81]

Ao proibirem, determinadas pelo próprio sistema, que as classes dominadas sejam as classes dominantes não só deixam de ser, mas também se acham impossibilitadas, como tais, de promover os meios pelos quais se poderia superar sua alienação bem como a das classes oprimidas. Por isso mesmo, somente estas, historicamente, estão chamadas a tal quefazer.

As outras, enquanto classes dominantes, não podem fazê-lo. O que fazem — na sua limitação histórica — é reformar e modernizar o sistema (em função de novas exigências que a "inteligência" do próprio sistema percebe) no sentido de preservá-lo, do que resulta a alienação de todos.

Dentro das condições concretas em que a Igreja modernizante atua, a sua concepção da educação, dos objetivos desta, como de sua prática, tem de compor um todo coerente com as linhas gerais de sua política. Daí que,

---

[81] Ao não perceberem o problema em forma dialética, os "inocentes" podem considerar a análise que fazemos *como* algo maniqueísta. Na verdade, porém, de um ponto de vista dialético, a questão não se reduz a uma tão simplista divisão dos seres humanos, entre bons e maus. O que a análise crítica revela, por um lado, é que o sistema capitalista, em si, é o que gera, necessariamente, tal estado de coisas; de outro, é que é inviável transformá-lo convidando as classes dominantes a tomar consciência de seu "erro". Na verdade, do ponto de vista de seus interesses de classe, elas estão certas e isto é outro ponto que os ingênuos não podem perceber. E não podem porque sua tendência irrefreável é pensar a-historicamente.

ainda quando fale em educação para a libertação, tal educação esteja condicionada por sua visão da libertação como um quefazer individual que deve dar-se, sobretudo, no câmbio das consciências e não através da práxis social e histórica dos seres humanos. Sua ênfase, por isso mesmo, recai sobre os métodos, tomados como instrumentos neutros. A educação libertadora se reduz, finalmente, para a Igreja modernizante, a libertar os educandos do quadro-negro, das aulas mais estáticas, dos conteúdos mais "livrescos", oferecendo-lhes projetores e outras ajudas audiovisuais, aulas mais dinâmicas e ensino técnico profissional.

Finalmente, tão velha quanto o cristianismo mesmo, sem ser tradicional, tão nova quanto ele, sem ser modernizante, vem afirmando-se, cada vez mais, na América Latina, ainda que não como um todo coerente, uma outra linha de Igreja — a profética. Combatida pelas Igrejas tradicionais e pela modernizante, tanto quanto, obviamente, pelas elites do poder, a linha profética, utópica e esperançosa, recusando os paliativos assistencialistas, os reformismos amaciadores, se compromete com as classes sociais dominadas para a transformação radical da sociedade.

Rejeitando toda forma estática de Pensar, a linha profética sabe muito bem, em oposição às Igrejas anteriormente analisadas que, para ser, tem de estar sendo. Precisamente porque assume um pensar crítico, não se concebe neutra nem tampouco esconde sua opção. Por isso, também, não dicotomiza mundanidade de transcendência nem salvação de libertação. Sabe, igualmente, que não há um "eu sou", um "eu sã", um "eu me liberto", um "eu me salvo"; como não há um "eu te dou conhecimento", um "eu te liberto", um "eu te salvo"; mas, pelo contrário, um "nós somos", um "nós sabemos", um "nós nos libertamos", um "nós nos salvamos".

A linha profética, tal qual começa a esboçar-se, não pode, por sua vez, ser compreendida a não ser como unia expressão da realidade concreta da América Latina, dramática e desafiadora. Na verdade, ela principia a emergir quando as sociedades latino-americanas, em transição, umas mais que outras, passam a ter suas contradições cada vez mais desveladas. Este é o momento em que se clarificam, também, de um lado, a revolução como o caminho de libertação das classes sociais oprimidas; de outro, o golpe militar imperialistamente inspirado, como opção reacionária.

Os cristãos que hoje, na América Latina, participam desta Unha, ainda quando, algumas vezes, divergentes entre si, sobretudo do ponto de vista de como atuar, são, de modo geral, os que, renunciando à "inocência" referida na primeira parte deste trabalho, aderiram às classes oprimidas e permanecem nesta adesão.

Foi preciso que eles, protestantes ou católicos — e do ponto de vista profético esta diferença não chega a ter significação —, eclesiásticos ou leigos, se experimentassem duramente na transição desafiadora para que começassem a transitar também de sua visão idealista para uma visão dialética da realidade. Em tal processo, aprenderam, não apenas de sua práxis com o povo, mas também do exemplo de desprendimento e de coragem de boa parte da juventude.

Perceberam assim, claramente, que a realidade, que é processo e não um fato dado, se move contraditoriamente. Entenderam que os conflitos sociais não são em si, como se fossem categorias metafísicas, mas, pelo contrário, são a expressão histórica das próprias contradições em confrontação. Daí que toda tentativa de solução dos conflitos que não tenha em vista a superação da contradição que os gera, de um lado, apenas os abafa; de outro, serve às classes dominantes.

Demandando a posição profética uma análise crítica das estruturas sociais em que se dão os conflitos, exige consequentemente dos que a seguem o uso das ciências político-sociais que, não sendo neutras, implicam a opção ideológica de quem as emprega.

Não significando também a perspectiva profética, utópica e esperançosa, a atitude de quem, fora do mundo concreto, fala de um mundo de sonhos impossíveis, requer, naturalmente, o conhecimento científico do mundo concreto. É que, ser profético, utópico e esperançoso, segundo já afirmamos, é denunciar e anunciar, através da práxis real. Daí o conhecimento científico da realidade como condição necessária à eficiência profética.

Não podemos denunciar a realidade nem anunciar sua radical transformação, de que resultará outra realidade, na qual nascerão o novo homem e a nova mulher, se não nos damos, através da práxis, ao conhecimento da realidade. Mas, por outro lado, não podemos denunciar e anunciar sem as classes sociais dominadas, isto é, não podemos prescrever-lhes nossa denúncia e nosso anúncio. A posição profética não é pequeno-burguesa. Por isso mesmo ela sabe muito bem que a autenticidade da denúncia e do anúncio, como processo permanente, só alcança seu ponto máximo quando as classes dominadas, através de sua práxis, se fazem também proféticas, utópicas e esperançosas, portanto revolucionárias.

A sociedade que se experimenta numa revolução permanente não pode prescindir da permanência da visão profética, utópica e esperançosa de seu povo, sem a qual se estagnará e já não será revolucionária.

Da mesma forma, nenhuma Igreja poderá ser realmente profética enquanto seja "refúgio das massas" ou agência de modernização e de conservantismo.

A Igreja profética não "refugia" as massas populares oprimidas, alienando-as mais ainda, com discursos falsamente denunciantes, porque simplesmente blá-blá-blantes. Convida-as, pelo contrário, a um novo Êxodo.

A Igreja profética não é tampouco a que, modernizando-se, conserva, "estabiliza-se", adapta-se. Cristo não foi conservador. A Igreja profética, tal qual Ele, tem de ser andarilha, viageira constante, morrendo sempre e sempre renascendo. Para ser, tem de estar sendo. Por isso mesmo é que não há profetismo sem a assunção da existência como a tensão dramática entre passado e futuro, entre ficar e partir, entre dizer a palavra e o silêncio castrador, entre ser e não ser, à qual nos referimos antes. Não há profetismo sem risco.

No clima histórico, intensamente desafiador, da América Latina, em que se vem gostando, na práxis, esta atitude profética em muitos cristãos, se gesta igual e necessariamente uma fecunda reflexão teológica. A teologia do chamado desenvolvimento cede lugar à teologia da libertação, profética, utópica, esperançosa, não importa que ainda não tão sistematizada.

Sua temática não pode ser outra senão a que emerge das condições objetivas das sociedades dependentes, exploradas, invadidas. A que emerge da necessidade da superação real das contradições que explicam tal dependência. A que vem do desespero das classes sociais oprimidas. Enquanto profética, a teologia da libertação não pode ser a da conciliação entre os inconciliáveis.

Em tais circunstâncias históricas, seria inviável uma teologia que pretendesse debater a "secularização", no fundo, uma forma moderna de "sacralização"[82] que procurasse entreter-nos com a "morte de Deus", *que en muchos puntos revela una tendencia acrítica de pura adaptación del hombre "un dimensionalizado" y despolitizado de las sociedades opulentas*, como enfatiza Hugo Assmann, em seu recente e excelente livro.[83]

Por outro lado, ainda que aparentemente fugindo a nosso tema específico, parece-nos que uma tal atitude profética em face do mundo, da História, não deve ser tomada como exclusiva, nem da América Latina, nem tampouco das demais áreas chamadas de Terceiro Mundo. Esta atitude profética não é exotismo de "subdesenvolvidos". Primeiro,

---

[82] Não há sociedades mais "sacrais" do que as sociedades burguesas. Reagem asperamente à mais mínima tentativa de ruptura com seus padrões, considerados universais, eternos e perfeitos. Infelizmente não há neste ensaio lugar para uma análise detida deste caráter sacral das chamadas sociedades secularizadas.

[83] Hugo Assmann, *Opresión-liberación: desafio a los cristianos*. Montevidéu: Tierra Nueva, 1971.

porque a posição original cristã é mesmo profética, qualquer que seja o espaço e o tempo em que os cristãos se achem. O testemunho profético, por ser histórico, é que se traduz de forma distinta, em tempos e espaços distintos. Segundo, porque o próprio conceito de Terceiro Mundo é ideológico e político e não geográfico. O chamado Primeiro Mundo tem, dentro de si e em contradição consigo, o seu Terceiro Mundo, como este tem, dentro de si, o seu Primeiro, representado na ideologia da dominação e no poder das classes dominantes.

O Terceiro Mundo, em última análise, é o mundo do silêncio, da opressão, da dependência, da exploração, da violência exercida pelas classes dominantes sobre as classes oprimidas.

Os europeus, de sociedades tecnologizadas, e os norte-americanos não têm necessidade de vir à América Latina para tornarem-se proféticos. Basta buscar a periferia de suas grandes cidades, sem "inocência" ou "esperteza", e aí encontrarão suficiente estímulo para repensar-se. Encontrarão, em face deles, uma das expressões particulares de seu Terceiro Mundo. Assim, então, podem compreender a inquietação com que se traduz a posição profética na América Latina.

Por tudo isso, o papel educativo de uma Igreja profética na América Latina tem de ser totalmente diferente do das Igrejas antes analisadas.

Naturalmente, numa linha profética, a educação se instauraria como método de ação transformadora. Como práxis política a serviço da permanente libertação dos seres humanos, que não se dá, repitamos, nas suas consciências apenas, mas na radical modificação das estruturas em cujo processo se transformam as consciências.

Do ponto de vista profético, não importa qual seja o campo específico em que se dê a educação, ela é sempre um esforço de clarificação do concreto, ao qual educadores-educandos e educandos-educadores devem encontrar-se ligados através de sua presença atuante. É sempre prática desmitificadora que, ao desvelar a realidade da consciência, ajuda o desvelamento da consciência da realidade.

Ao concluir este trabalho, podemos voltar à afirmação óbvia com a qual o iniciamos: não é possível discutir as Igrejas, a educação, como o papel daquelas com relação a esta, a não ser historicamente. E historicamente é que teremos de acompanhar as idas e vindas do movimento profético na América Latina.

Prefácio à edição argentina de *A Black Theology of Liberation*, de James Cone

Há livros que, iniciada a sua leitura, nos desafiam e fascinam, a tal ponto que se nos torna difícil deixá-los antes de chegar, com seu autor, às suas últimas palavras. *A Black Theology of Liberation* é um desses livros.

Recebi-o em Genebra, em 1970, quando recém-aparecia nos Estados Unidos, de um jovem amigo, aluno de Cone, em Nova York, e que havia participado regularmente do seminário que coordenei na Universidade de Harvard, em 1969. Cone não era, porém, para mim, um desconhecido. Havia lido o seu primeiro livro que, mesmo sem a força do segundo, já o anunciava. Foi esta a sensação que tive ao terminar a leitura de *A Black Theology and Black Power*, em 1969, em Cambridge.

Esse livro, disse então eu a mim mesmo, promete algo mais vigoroso que deve estar vindo.

Desta forma, recebi a *A Black Theology of Liberation* como quem recebe algo já esperado. A lucidez de Cone, a seriedade de suas análises, seu compromisso com os oprimidos, nada me surpreendia. Tudo era, pelo contrário, a confirmação do anúncio referido.

Recordo perfeitamente que o livro me chegou na véspera de uma viagem a Roma, onde deveria coordenar, por uma semana, um seminário sobre educação e libertação. À noite, em casa, depois do jantar, aceitei o convite que o livro me fazia e comecei a minha intimidade com ele. Atento, impactado, página após página, cheguei à antemanhã com o livro nas mãos, terminando sua primeira leitura, horas depois, no percurso Genebra-Roma. Voltando à Genebra, voltei ao livro também para a segunda leitura, após a qual escrevi a Cone, dizendo-lhe da impressão que seu livro me havia causado e da importância de sua imediata publicação na América Latina. É que a *black theology*, de que Cone é uma das melhores expressões nos Estados Unidos, se identifica, indiscutivelmente, com a "teologia da libertação" que hoje floresce na América Latina. O profetismo de ambas não significa somente um falar em nome dos que se encontram proibidos de fazê-lo, mas, sobretudo, em lutar lado a lado com eles para que, transformando revolucionariamente a sociedade que os reduz ao silêncio, possam dizer, efetivamente, sua palavra. Dizer sua palavra, por isso mesmo, não é apenas dizer "bom dia" ou seguir as prescrições dos que, com seu poder, comandam e exploram. Dizer a palavra é fazer história e por ela ser feito e refeito. As classes dominadas, silenciosas e esmagadas, só dizem sua palavra quando, tomando a história em suas mãos, desmontam o sistema opressor que as destrói. É na práxis revolucionária, com uma liderança vigilante e crítica, que as classes dominadas aprendem a "pronunciar" seu mundo, descobrindo, assim, as verdadeiras razões de seu silêncio anterior.

Daí o caráter eminentemente político da *black theology* nos Estados Unidos, como da teologia da libertação na América Latina.

O fato, porém, de que esta e aquela sejam e tendam a ser, cada vez mais, teologias que privilegiam o político, não significa serem elas distorções da "pureza" teológica, como se pudesse existir uma teologia neutra.

A "teologia branca", para usar uma expressão ao gosto de Cone, é tão política quanto a *black theology* ou a "teologia da libertação" na América Latina. A única diferença está em que a política oculta, mas facilmente perceptível, dessa "teologia branca", se orienta no sentido da defesa dos interesses das classes dominantes. Essa é a razão por que, simulando neutralidade, essa teologia se preocupa tanto com a conciliação dos inconciliáveis, nega tão insistentemente a existência das classes sociais e sua luta e, em suas incursões pelo social, não vai mais além dos reformismos modernizantes, que são uma forma de preservar as estruturas de dominação.

Pensando desde o ponto de vista das classes dominantes os teólogos da neutralidade impossível usam uma linguagem mistificadora. Empenham-se em amenizar a dureza da realidade opressora e conclamam as classes dominadas, que invariavelmente chamam de "pobres" ou de "menos afortunadas", a encarar, com resignação, o seu sacrifício. A dor que sofrem, a discriminação aviltante, a existência, como morte em vida, tudo isso deve ser assumido pelas classes dominadas pelos "pobres", em sua linguagem — como meio de purificação de seus pecados. No fundo, deveriam agradecer aos "ricos" pela oportunidade que lhes dão de salvar-se...

Na verdade, porém, as classes dominadas precisam, ao contrário, transformar o sofrimento de *não ser* no sofrimento que a luta *por ser* lhes impõe. Enquanto o primeiro constitui uma forma de aniquilamento, o segundo se converte na esperança que as move. Só a esperança que nasce do hoje e no hoje desta luta confere sentido ao futuro, não como vaguidade alienada ou como algo predeterminado, mas ao futuro como tarefa de construção, como "façanha da liberdade".

O que fazem aqueles teólogos é propor às classes oprimidas uma passividade maior ainda, na medida em que rompem a unidade entre reconciliação e libertação. Para eles, reconciliação não é outra coisa senão a adaptação dos dominados aos apetites das classes dominantes. Tudo se passa como se fosse possível reduzir a reconciliação a um pacto entre as classes dominantes e as classes dominadas — "ricos" e "pobres". Pacto no qual estas últimas, aceitando a continuidade da realidade opressora, recebessem, em contrapartida, uma eficiente e modernizada assistência social.

Uma tal concepção elitista da reconciliação não encontra abrigo na teologia da libertação na América Latina nem tampouco na *black theology* de que James Cone, repitamos, é um dos mais agudos representantes. Em verdade, a reconciliação entre opressores e oprimidos enquanto classes sociais, pressupõe a libertação destes, que tem de ser forjada por eles mesmos, através de sua práxis revolucionária.

É necessário, contudo, que você, leitor ou leitora, inicie imediatamente sua "convivência" com o pensamento de James Cone. Para concluir esta breve introdução, acrescento apenas que seu pensamento, que emerge de uma realidade incrível, a "diabólica" realidade do racismo nos Estados Unidos, tem uma força singular. Suas reflexões teológicas sobre tal realidade, ele não as propõe como se fosse um ser do outro mundo, uma espécie de estrangeiro curioso. James Cone é um homem comprometido, "molhado" desta realidade que ele analisa com a autoridade de quem nela se experimenta.

A Black Theology of Liberation é, por isso mesmo, um livro apaixonado, escrito apaixonadamente. Alguns tremerão de raiva frente a ele; outros, de medo. Muitos, contudo, encontrarão nele um estímulo para sua luta. James Cone não pretende mais do que isto.

Genebra, 1972

Conscientização e libertação: uma conversa com Paulo Freire[84]

IDAC: Apesar da crescente aceitação de suas ideias nos Estados Unidos, na Europa ocidental e mesmo em certos países africanos (sobretudo na Tanzânia) é precisamente da América Latina, que foi seu ponto de partida teórico e prático, que provêm as críticas mais severas contra você. Essas críticas se baseiam em dois pontos: primeiro, você é acusado de ter perdido o contato com a realidade latino-americana; em segundo lugar, lhe acusam também de idealismo e reformismo. O que você pensa de tudo isso?

Freire: Inicialmente, gostaria de enfatizar que, de modo geral, levo a sério as críticas que me fazem, em face das quais não assumo a atitude de quem se sente atacado ou ofendido. Naturalmente, entre elas, há aquelas a que não posso dar atenção por sua fragilidade. Não vejo, por exemplo, como preocupar-me quando sou acusado de haver rompido meu compromisso com a América Latina por ter sido professor visitante na Universidade de Harvard... Interessam-me, pelo contrário, as críticas de fundo, as que se dirigem ao conteúdo mesmo de meu pensamento pedagógico e político e que me

[84] Entrevista ao Instituto de Ação Cultural de Genebra, 1973.

apontam como idealista, subjetivista, reformista. Essas são críticas que se vêm fazendo sobretudo na América Latina. Parece-me, contudo, que os que assim me classificam, com base em momentos ingênuos de alguns trabalhos meus — criticados hoje por mim também — deveriam obrigar-se a seguir os passos que venho dando. Na verdade, em meus primeiros estudos, ao lado de ingenuidades, há igualmente posições críticas. De resto, não alimento a ilusão ingênua e pouco humilde de atingir a absoluta criticidade. Parece-me que se impõe aos que me analisam procurar saber qual dos dois aspectos — o ingênuo ou o crítico — estaria sendo enfatizado no desenvolvimento de minha prática e de minha reflexão.

IDAC: Apesar disso, parece-nos que a acusação de idealismo repousa sobre uma base real, se levarmos em conta a experiência histórica do movimento de conscientização de massas empreendido no Brasil nos anos 1962 a 1964. Nesse tempo, a politização extremamente rápida de largas camadas populares, obtida através do programa de alfabetização, não foi suficiente para opor uma resistência válida ao golpe de estado militar que destruiu as esperanças despertadas nos camponeses e subproletários urbanos por essa tomada de consciência. Se nós estamos de acordo que a tomada de consciência de uma situação de opressão não basta para mudar essa realidade opressiva, teria sido necessário, na experiência brasileira, desenvolver, desde o começo, uma política de organização de massas populares com uma estratégia capaz de orientar sua ação de transformação social e política.

Freire: Na medida em que, sobretudo nos meus primeiros trabalhos teóricos, nenhuma ou quase nenhuma referência fiz ao caráter político da educação e em que deixei de lado o problema das classes sociais e de sua luta, abri caminho a numerosas interpretações e práticas reacionárias da conscientização, o que vale dizer, a distorções do que ela realmente deve ser. Nem sempre, porém, as críticas a mim feitas o são porque eu tenha sido pouco claro na análise e na fundamentação teórica da conscientização. Pelo contrário, muitas dessas críticas revelam a posição objetivista mecanicista, por isso mesmo antidialética, de quem as faz. Enquanto mecanicistas, negando a realidade mesma da consciência, recusam consequentemente a conscientização. Deixo portanto claro que, ao buscar superar minhas constantes debilidades, não tenho por que recusar o papel da conscientização no processo revolucionário.

IDAC: É verdade que muitas vezes essas críticas foram inspiradas pelo que você chama de posições mecanicistas e objetivistas. E, no entanto, Marx já chamava a atenção para o fato de que a situação revolucionária implica não somente fatores *objetivos* (a existência de uma realidade de opressão imposta a classes ou grupos sociais que se tornam a "negação viva" desse sistema explorador), mas também fatores *subjetivos* (a consciência dessa realidade de opressão por parte dos oprimidos e sua disposição de agir para pôr fim a esse estado de coisas).

Freire: Aqui nós tocamos em um dos problemas fundamentais que sempre preocupou a filosofia e, de modo especial, a filosofia moderna. Refiro-me à questão das relações entre sujeito e objeto; consciência e realidade; pensamento e ser; teoria e prática. Toda tentativa de compreensão de tais relações que se funde no dualismo sujeito-objeto, negando assim a *unidade dialética* que há entre eles, é incapaz de explicar, de forma consistente, aquelas relações. Rompendo a *unidade dialética* sujeito objeto, a visão dualista implica a negação ora da objetividade, submetendo-a aos poderes de uma consciência que a criaria a seu gosto, ora a negação da realidade da consciência, transformada, desta forma, em mera cópia da objetividade. Na primeira hipótese, caímos no erro subjetivista ou psicologista, expressão de um idealismo antidialético pré-hegeliano; na segunda, nos filiamos ao objetivismo mecanicista, igualmente antidialético. Na verdade, nem a consciência é exclusiva réplica da realidade nem esta é a construção caprichosa da consciência. Somente pela compreensão da *unidade dialética* em que se encontram solidárias subjetividade e objetividade podemos escapar ao erro subjetivista como ao erro mecanicista e, então, perceber o papel da consciência ou do "corpo consciente" na transformação da realidade.

Como explicar, por exemplo, em termos subjetivistas, a posição dos seres humanos, como indivíduos, geração ou classe social, social, em face de situações históricas dadas, nas quais "entram", independentemente de sua consciência ou de sua vontade? Como explicar, por outro lado, o mesmo problema de um ponto de vista mecanicista? Se a consciência criasse, arbitrariamente, a realidade, uma geração ou uma classe social poderia, ao recusar a situação dada de que começa a participar, transformá-la por meio de um mero gesto significador. Se, por outro lado, a consciência fosse puro reflexo da realidade, a situação dada seria eternamente a situação dada, "sujeito" determinante de si mesma, de que os seres humanos nada mais seriam do que dóceis objetos. Em outras palavras, a situação dada se transformaria a si mesma. Isso implicaria admitir a história como uma entidade mítica, exterior e superior aos seres humanos, comandando-os, também caprichosamente, de fora e de cima. Recordo agora o que disse Marx, na *Sagrada família*:

"A história não faz nada, não possui nenhuma imensa riqueza, não liberta nenhuma classe de lutas: quem faz tudo isso, quem possui e luta é o homem mesmo, o homem real, vivo; não é a história que utiliza o homem como meio para trabalhar seus fins — como se se tratasse de uma pessoa à parte — pois a história não é senão a atividade do homem que persegue seus objetivos."

Em verdade, ao defrontar-nos com uma dada situação na qual, "entramos" independentemente de nossa consciência, temos nela a condição concreta que nos desafia. A situação dada, como situação problemática, implica o que chamei, em *Pedagogia do oprimido*, de "inédito viável", isto é, a futuridade a ser construída. A concretização do "inédito viável", que demanda a superação da situação obstaculizante — condição concreta em que estamos independentemente de nossa consciência — só se verifica, porém, através da práxis. Isso significa, enfatizemos, que os seres humanos não sobrepassam a situação concreta, a condição na qual estão, por meio de sua consciência, ou apenas de suas intenções, por boas que sejam. A possibilidade que tive de transcender os estreitos limites de uma cela de 1,70m de comprimento por 60 cm de largura, na qual me achava após o golpe militar brasileiro de 1º de abril de 1964, não era suficiente, contudo, para mudar minha condição de encarcerado. Continuava dentro da cela, sem liberdade, apesar de poder imaginar o mundo lá fora. Mas, por outro lado, a práxis não é a ação cega, desprovida de intenção ou de finalidade. É ação e reflexão. Mulheres e homens são seres humanos porque se fizeram historicamente seres da práxis e, assim, se tornaram capazes de, transformando o mundo, dar significado a ele. É que, como seres da práxis e só enquanto tais, ao assumir a situação concreta em que estamos, como condição desafiante, somos capazes de mudar-lhe a significação por meio de nossa ação. Por isso mesmo é que é impossível a práxis verdadeira no vazio antidialético ao qual leva toda dicotomia sujeito objeto. Esta é a razão pela qual o subjetivismo e o objetivismo mecanicista são sempre obstáculos ao verdadeiro processo revolucionário, não importam os caminhos que, na prática, tomem eles. Neste sentido, é tão pernicioso à práxis revolucionária o subjetivismo que, esgotando-se na mera denúncia verbal das injustiças sociais prega a transformação das consciências, deixando porém intactas as estruturas da sociedade, quanto o mecanicismo que, voluntarista e desprezando a rigorosa e permanente análise científica da realidade objetiva, se faz igualmente subjetivista ao "operar" sobre uma realidade inventada. É exatamente este objetivismo mecanicista o que descobre "idealismo" ou "reformismo" em toda referência ao papel da subjetividade no processo revolucionário. No fundo, são todas estas expressões, ainda que diferentes, de uma mesma fonte ideológica — a pequeno-burguesa.

O objetivismo mecanicista é uma distorção grosseira da posição marxista quanto à questão fundamental das relações sujeito objeto. Para Marx essas relações são contraditórias e dinâmicas. Sujeito e objeto não se encontram dicotomizados nem tampouco constituem uma identidade mas uma unidade dialética. A mesma unidade dialética em que se encontram teoria e prática.

IDAC: Você acredita que a tomada de consciência de uma situação de exploração possa se dar no que você chama o "contexto teórico" como os "Círculos de Cultura" da experiência brasileira, onde um grupo de camponeses analfabetos, ao mesmo tempo em que aprendiam a ler um código linguístico, descobriam a realidade sócio-histórica, dando-se conta de que seu analfabetismo era apenas um aspecto de todo um processo de dominação econômico-social à qual eles estavam submetidos? Ou será que essa tomada de consciência, esse aprender a ler e a escrever sua própria realidade, só é possível *na* e *pela* prática transformadora dessa realidade de opressão?

FREIRE: A resposta a esta questão requer algumas considerações preliminares. Comecemos a discutir, ainda que rapidamente, o que vem a ser o "contexto teórico". Partamos de que nem o subjetivismo, de um lado, nem o objetivismo mecanicista, de outro, são capazes de explicar, de forma correta, esse problema que, no fundo, é o mesmo a que nos referimos anteriormente. E não podem porque, ao dicotomizarem o sujeito do objeto, dicotomizam, automaticamente, a prática da teoria que, desta forma, deixam de se constituir como a unidade dialética de que falamos antes. Separada da prática, a teoria é puro verbalismo inoperante; desvinculada da teoria, a prática é ativismo cego. Por isso mesmo é que não há práxis autêntica fora da unidade dialética ação reflexão, prática teoria. Da mesma forma, não há contexto teórico "verdadeiro a não ser em unidade dialética com o contexto concreto". Neste contexto, onde os fatos se dão, nos encontramos envolvidos pelo real, "molhados" dele, mas não necessariamente percebendo a razão de ser dos mesmos fatos, de forma crítica. No "contexto teórico", "tomando distância" do concreto, buscamos a razão de ser dos fatos. Em outras palavras, procuramos superar a mera opinião que deles temos e que a tomada de consciência dos mesmos nos proporciona, por um conhecimento cabal, cada vez mais científico em torno deles. No "contexto concreto" somos sujeitos e objetos em relação dialética com o objeto; no "contexto teórico" assumimos o papel de sujeitos cognoscentes da relação sujeito-objeto que se dá no "contexto concreto" para, voltando a este, melhor atuar como sujeitos em relação ao objeto.

Estes momentos constituem a unidade — e não a separação — da prática e da teoria; da ação e da reflexão. Desde, porém, que estes momentos não existem, em termos autênticos, a não ser como unidade e como processo, qualquer deles que, em certo instante, seja o ponto de partida, não apenas requer o outro mas o contém. Por isso é que a reflexão só é legítima quando nos remete sempre, como salienta Sartre, ao concreto, cujos fatos busca esclarecer, tornando assim possível nossa ação mais eficiente sobre eles. Iluminando uma ação exercida ou exercendo-se, a reflexão verdadeira clarifica, ao mesmo tempo, a futura ação na qual se testa e que, por sua vez, se deve dar a uma nova reflexão. Em face de todas essas considerações me parece claro que os camponeses analfabetos não necessitam de contexto teórico — em nosso caso, do Círculo de Cultura — para realizar a tomada de consciência de sua situação objetiva de oprimidos. Esta tomada de consciência se dá no "contexto concreto". É através de sua experiência quotidiana, com toda a dramaticidade que ela implica, que eles tomam consciência de sua condição de oprimidos. Mas o que a sua tomada de consciência, feita na imersão em sua quotidianeidade, nem sempre lhes dá, é a razão de ser de sua própria condição de explorados. Esta é uma das centrais tarefas que devemos realizar no contexto teórico. Mas, por outro lado, precisamente porque a consciência não se transforma a não ser na práxis, o contexto teórico não pode ser reduzido a um centro de estudos "desinteressados". Neste sentido, o Círculo de Cultura deve encontrar caminhos, que cada realidade local indicará, através dos quais se alongue em centro de ação política. Se uma radical transformação das estruturas da sociedade, que explicam a situação objetiva em que se acham os camponeses não se der, eles continuarão os mesmos, explorados da mesma forma, não importa se muitos deles tenham, inclusive, alcançado a razão de ser de sua própria realidade. É que o desvelamento da realidade que não esteja orientado no sentido de uma ação política sobre a mesma, bem definida, clara, não tem sentido. Somente assim, na unidade da prática e da teoria, da ação e da reflexão, é que podemos superar o caráter alienador da quotidianeidade, como expressão de nossa maneira espontânea de nos mover no mundo ou como resultado de uma ação que se mecaniza ou se burocratiza. Em ambas expressões da quotidianeidade não alcançamos um saber cabal dos fatos de que apenas nos damos conta. Daí a necessidade que temos, de um lado, de ir mais além da mera captação da presença dos fatos, buscando assim, não só a interdependência que há entre eles, mas também a que há entre as parcialidades constitutivas da totalidade de cada um e, de outro lado, a necessidade de estabelecermos uma vigilância constante sobre nossa própria atividade pensante.

Este é, em última análise, o movimento dialético, impossível de ser compreendido do ângulo do subjetivismo como do ponto de vista do objetivismo mecanicista, que se põe como exigência fundamental a quem pretende conhecer a realidade. Esse movimento implica, de um lado, que tal sujeito necessite de um instrumento teórico para operar o conhecimento da realidade e, de outro, em que reconheça a necessidade de reformulá-lo em função dos achados a que chegue com sua aplicação. Com isso quero dizer que os resultados de seu ato de conhecer devem constituir-se como normas de julgamento de seu próprio comportamento cognoscente.

IDAC: Parece-nos que você postula o engajamento político do cientista como uma condição mesma da validade científica do seu saber. Tem-se a impressão de que, para você, uma ciência "apolítica" não constitui senão um "falso saber".

FREIRE: De fato, todo investigador digno desse nome sabe muito bem que a tão propalada neutralidade da ciência, de que resulta a não menos propalada imparcialidade do cientista, com sua criminosa indiferença ao destino que se dê aos achados de sua atividade científica é um dos mitos necessários às classes dominantes. Daí que, vigilante e crítico, não confunda a preocupação com a verdade, que deve caracterizar todo esforço científico sério, com o mito daquela neutralidade. Por outro lado, porém, ao buscar conhecer a realidade, o investigador crítico e vigilante não pode pretender "domesticá-la" a seus objetivos.

O que ele quer é a verdade da realidade e não a submissão desta à sua verdade. Ao mito da neutralidade da ciência e da imparcialidade do cientista não pode responder com a mistificação da verdade, mas com seu respeito a ela. Mesmo porque, no momento em que se deixe seduzir por esta falsificação da realidade já não será crítico e a ação resultante de um tal "conhecimento" falso não terá êxito. Quanto mais crítico e engajado, mais rigoroso com relação à verdade tem de ser o investigador, o que não significa que sua análise alcance um perfil acabado ou definitivo da realidade social, entre outras razões, pelo fato mesmo de que esta, para ser, tem de estar sendo.

Esta atitude vigilante caracteriza o investigador crítico, o que não se satisfaz com as aparências enganosas. Ele sabe muito bem que o conhecimento não é algo dado e acabado, mas um processo social que demanda a ação transformadora dos seres humanos sobre o mundo. Por isto mesmo não pode aceitar que o ato de conhecer se esgote na simples narração da realidade nem tampouco, o que seria pior, na decretação de que o que está sendo deve ser o que deve ser. Pelo contrário, quer transformar a realidade para que o que agora está acontecendo de certa maneira passe a ocorrer de forma diferente.

IDAC: As massas populares consideradas ao nível de seu "contexto concreto", sem possibilidade de acesso a uma visão crítica desse contexto, não estariam necessariamente condenadas a uma opção reformista?

Freire: Na medida em que não se perceba a unidade dialética subjetividade-objetividade, não será possível entender algo tão óbvio que a forma de ser das classes dominadas não pode ser compreendida nelas mesmas, mas em sua relação dialética com as classes dominantes. Deste modo, alguns tomam a tendência das classes dominadas às soluções reformistas como se fosse uma incapacidade natural das mesmas. Na verdade, porém, as classes dominadas se tornam reformistas em suas relações com as dominantes, na situação concreta em que se acham. Mergulhadas na alienação de sua quotidianeidade, não alcançam espontaneamente a consciência de si, como "classe para si".

IDAC: Não se poderia dizer que essa é precisamente a tarefa do partido revolucionário?

Freire: Esta é, sem dúvida, uma das tarefas fundamentais do partido revolucionário — a de empenhar-se na busca da organização consciente das classes oprimidas para que, superando o estado de "classe em si", se assumam como "classe para si".

Um dos aspectos centrais de uma tal tarefa está em que as relações entre o partido revolucionário e as classes oprimidas não são relações entre um polo portador de uma consciência histórica e outro, vazio de consciência ou portador de uma "consciência vazia". Se assim fosse, o papel do partido revolucionário seria o de "dar" consciência às classes dominadas e "dar" consciência a elas seria encher sua consciência com a consciência de sua classe. De fato, porém, as classes sociais dominadas nem são vazias de consciência nem sua consciência, por outro lado, é um depósito vazio. Manipuladas pelas classes dominantes, em suas relações com elas, por elas perfiladas, introjetando seus mitos, as classes dominadas refletem às vezes uma consciência que não lhes é própria. Daí sua tendência reformista. Atravessadas pela ideologia das classes dominantes, suas aspirações, em grande parte, não correspondem a seu ser autêntico. São impostas a elas por aquelas através dos mais variados meios de manipulação social. Tudo isso desafia o partido revolucionário a encarnar o seu indiscutível papel pedagógico.

IDAC: É preciso, no entanto, estar alerta para o fato de que atribuir ao partido revolucionário esse papel pedagógico comporta, implicitamente, um certo risco de se cair na manipulação das massas.

FREIRE: É verdade que esse risco existe. Mas, salientemos, a pedagogia de um partido revolucionário não pode ser a mesma dos partidos reacionários. Daí que seus métodos de ação devam ser outros também. Os partidos reacionários, necessariamente têm de evitar, por todos os meios, a constituição da consciência de classe entre os oprimidos. O partido revolucionário, pelo contrário, tem aí um de seus importantes quefazeres.

Finalmente, parece-me necessário afirmar que, ao analisar o papel que pode ter o contexto teórico no aprofundamento crítico da tomada de consciência que se verifica no contexto concreto, não quero dizer que o partido revolucionário deva criar, em qualquer situação histórica, contextos teóricos, como se fossem "escolas revolucionárias" para depois fazer a revolução. De fato, jamais fiz tal afirmação. O que tenho dito e agora repito é que o partido revolucionário que se recusa a aprender com as massas populares, rompendo assim a unidade dialética entre *ensinar* e *aprender*, já não é revolucionário, mas elitista. Esquece uma fundamental advertência de Marx em sua *Terceira tese sobre Feuerbach*: "O educador também precisa ser educado."

IDAC: Falemos um pouco, agora, dessa palavra que se acha indiscutivelmente ligada a você — CONSCIENTIZAÇÃO — e que tem sido objeto de interpretações ambíguas ou distorcidas. Há aqueles que se perguntam se as próprias classes dominantes não podem "conscientizar o povo". Muitos consideram a conscientização uma espécie de varinha mágica, capaz de "curar" a injustiça social pela simples transformação da consciência dos homens. A nós parece essencial que, uma vez mais, você esclareça essas mistificações e nos restitua o verdadeiro conteúdo da conscientização.

FREIRE: Antes de tudo, quero deixar claro que é impossível conceber a conscientização de forma correta, como se ela fosse um mero passatempo intelectual, ou a constituição de uma racionalidade desgarrada do concreto. O esforço de conscientização, que se identifica com a própria ação cultural para a libertação, é o processo pelo qual, na relação sujeito-objeto, várias vezes referida nesta entrevista, o sujeito se torna capaz de perceber, em termos críticos, a unidade dialética entre ele e o objeto. Por isso mesmo, repitamos, não há conscientização fora da práxis, fora da unidade teórica-prática, reflexão-ação.

Por outro lado, enquanto empenho desmitificador, a conscientização não pode ser levada a efeito pelas classes sociais dominantes, que se acham proibidas de fazê-lo, pela sua própria condição de classes dominantes. A ação cultural que estas necessariamente podem desenvolver é, pelo contrário, aquela que, mitificando a realidade da consciência, mitifica a consciência da realidade. Seria uma ingenuidade, como tenho afirmado sempre, esperar que as classes dominantes ponham em prática ou sequer estimulem uma forma de ação que ajude as classes dominadas a assumirem-se como tais. Insistamos em que este é um quefazer fundamental da liderança revolucionária, desde que não se deixe cair na tentação pequeno-burguesa do objetivismo mecanicista. É que, para os mecanicistas, as classes dominadas *estão aí*, como objetos, para ser libertadas por eles enquanto sujeitos da ação revolucionária. O processo de libertação, para eles é algo mecânico. Daí o seu voluntarismo. Daí a sua confiança mágica na ação militar dicotomizada da ação política. Daí que lhes seja mais fácil realizar mil ações arriscadas, mesmo sem significação política, do que conversar com um grupo de camponeses durante dez minutos...

Mas, por outro lado, sublinhamos também, a conscientização não pode fugir, aventureiramente, ao limite que a realidade histórica lhe impõe. Isto é, o esforço de conscientização não é possível no desrespeito ao "viável histórico".

Quero dizer que, nem sempre, a ação popular que pode decorrer do desvelamento de uma dada situação concreta, mas setorial, encarna a expressão política do "viável histórico".

Em outras palavras, as massas populares podem perceber as razões mais imediatas que explicam um fato particular, sem contudo captar, ao mesmo tempo, as relações entre este fato particular e a totalidade de que ele participa, na qual se encontra o "viável histórico". Desta forma, adequada ao fato "B", a ação "A" pode, contudo, do ponto de vista da totalidade, ser inadequada. Seria o caso, por exemplo, de uma ação que, politicamente válida do ponto de vista das condições de uma certa área local, não o seja, porém, quanto às exigências da totalidade do país.

IDAC: Essa observação referente à dificuldade de captar a totalidade que contém o "viável histórico" e de organizar os diferentes elementos que o constituem nos parece fundamental. De fato, para assegurar sua dominação, as classes dominantes têm necessidade de dividir os oprimidos, lançando-os uns contra os outros. Assim, por exemplo, nos Estados Unidos, um mesmo sistema repressivo tem procurado lançar uma minoria racial contra outra, ao mesmo tempo em que as reivindicações do movimento de libertação das mulheres são apresentadas como contraditórias aos interesses da classe operária branca, e assim por diante. Um outro exemplo da tentativa de divisão dos oprimidos se encontra na Europa ocidental, onde os governos dos países capitalistas estimulam muitas vezes a animosidade entre os operários nacionais e os operários emigrados, fazendo-os crer que um é o adversário do outro, quando, evidentemente, eles são ambos vítimas de um mesmo sistema de exploração. Em que medida, a seu ver, o processo de conscientização pode contribuir para a tomada de uma autêntica "consciência de classe" por parte dos oprimidos, que supere essas visões parciais e fragmentárias da realidade?

Freire: Começarei por dizer, uma vez mais, que pelo fato mesmo de não poder ser um quefazer atomizado, espontaneísta ou paternalista, o trabalho de conscientização exige de quem a ele se dedica uma clara percepção das relações entre parcialidade e totalidade, tática e estratégia, prática e teoria. Um tal trabalho demanda ainda uma não menos clara visão que a liderança revolucionária deve ter de si em suas relações com as massas populares. Nestas relações, não deve a liderança cair, de um lado, no liberalismo e ausência de organização; de outro, no autoritarismo burocrático. Na primeira hipótese, não seria capaz de encaminhar o processo revolucionário que assim se esfacelaria em ações dispersas; na segunda, afogando a capacidade de ação consciente das massas, as transformaria em puros objetos de sua manipulação. Em ambos os casos resultaria impossível a conscientização. Uma outra dimensão deste mesmo crucial problema — o das relações entre a liderança revolucionária e as massas populares — é o papel que deve ter aquela na superação, pelas massas populares, do nível de "consciência das necessidade de classe", em que espontaneamente se podem encontrar, pelo de "consciência de classe". O hiato dialético entre estes níveis constitui indiscutivelmente um sério desafio à liderança revolucionária. Tal hiato dialético é o "espaço" ideológico em que se encontram as classes dominadas, em sua experiência histórica, entre o momento no qual, enquanto "classe em si", não atuam de acordo com o seu *ser* e aquele em que, assumindo-se como "classe para si", percebem a tarefa histórica que lhes é própria. Somente assim suas necessidades se definem como interesses de classe.

Temos aí um problema indiscutível: de um lado, a consciência de classe não se gera espontaneamente, fora da práxis revolucionária; de outro, esta práxis implica uma clara consciência do papel histórico da classe dominada. Marx sublinha, na *Sagrada Família*, a ação consciente do proletariado na abolição de si mesmo enquanto classe, pela abolição das condições objetivas que o constituem.

De fato, a consciência de classe demanda uma prática de classe que, por sua vez, gera um conhecimento a serviço dos interesses de classe. Enquanto a classe dominante, como tal, constitui e fortalece a consciência de si no exercício do poder econômico, político e sociocultural, com o qual se sobrepõe à classe dominada e lhe impõe suas posições, esta só pode alcançar a consciência de si através da práxis revolucionária. Por meio desta, a classe dominada se torna "classe para si" e, atuando então de acordo com o seu *ser*, não apenas começa a conhecer, de forma diferente, o que antes conhecia, mas também a conhecer o que antes não conhecia. Neste sentido é que, não sendo a consciência de classe um puro estado psicológico nem a mera sensibilidade que têm as classes para detectar o que se opõe a suas necessidades e interesses, implica sempre um conhecimento de classe. Conhecimento, porém, não se transfere, se cria, através da ação sobre a realidade. A superação do referido hiato dialético, exigindo uma pedagogia revolucionária, exige também que as relações entre partido revolucionário e classe dominada se verifiquem de tal forma que o partido, no seu papel de consciência crítica das massas populares, não lhes coloque obstáculos ao processo de sua criticização.

IDAC: Nós poderíamos concluir essa conversa abordando novamente o problema central da organização do partido revolucionário e da relação entre a vanguarda e as massas.

Quais são, a seu ver, os elementos essenciais de um processo de educação política numa perspectiva autenticamente liberadora?

Freire: Creio que, um dos mais sérios problemas que pode enfrentar um partido revolucionário na capacitação de seus quadros de militantes está em como superar a distância entre a opção revolucionária verbalizada pelos militantes e sua prática nem sempre realmente revolucionária. A ideologia pequeno-burguesa que os "atravessou", em sua condição de classe, interfere no que deveria ser a sua prática revolucionária, que se torna assim contraditória de sua expressão verbal. Neste sentido é que seus erros metodológicos são, no fundo, de procedência ideológica. Na medida, por exemplo, em que "guardam" em si o mito da "incapacidade natural" das massas populares, sua tendência é descrer delas, é recusar o diálogo com elas e sentir-se como seus exclusivos educadores. Desta forma, não fazem outra coisa senão cair na dicotomia, típica de uma sociedade de classes, entre ensinar e aprender, em que a classe dominante "ensina" e a classe dominada "aprende". Rejeitam, consequentemente, aprender com o povo e se tornam prescritivos, depositantes do que lhes parece ser o seu saber revolucionário. Daí a nossa convicção de que o esforço de clarificação em torno do que é o processo de ideologização se deva constituir como um dos pontos deva constituir como um dos pontos introdutórios a todo seminário de capitação de militantes, simultaneamente com o exercício da análise dialética da realidade. Deste modo, o seminário se converte numa oportunidade na qual, ao serem os seus participantes desafiados a superar sua visão ingênua e focalista da realidade por outra, crítica e totalizante, vão igualmente clarificando-se ideologicamente. Vão percebendo que o diálogo com o povo, na ação cultural para a libertação, não é uma formalidade, mas uma condição indispensável ao ato de conhecer, se nossa opção é realmente revolucionária. Vão percebendo que é inviável a dicotomia entre a intenção do militante, que é política, e os métodos, técnicas, processos pelos quais se põe em prática aquela intenção. A opção política do militante determina os caminhos de sua expressão. Há de haver diferenças radicais entre um militante de esquerda e um militante de direita no uso que façam de um mesmo projetor de slides. Muitos dos obstáculos a uma correta ação político-revolucionária se encontram na contradição entre a opção revolucionária e o emprego de procedimentos que correspondem à prática da denominação.

Se minha opção é revolucionária é impossível considerar o povo como objeto de meu ato libertador. Mas, no momento em que me recuso, coerentemente, a ter no povo a mera incidência de minha ação revolucionária, não posso fazer dele, igualmente, o recipiente de meu "saber revolucionário".

Se minha opção é reacionária, pelo contrário, tenho de fazer do povo um puro instrumento de minha ação preservadora do *status quo*, que eu admito apenas reformar. E se ambas estas opções se concretizam sempre historicamente, historicamente também se diferenciam. Isso quer dizer que, se os meios de dominação e de libertação variam historicamente, não há, porém, possibilidade histórica em que se identifiquem.

A ação político revolucionária não pode repetir a ação político dominadora. Antagônicas nos seus objetivos, se antagonizam nos seus métodos, como no uso que fazem das ajudas de que se servem.

Algumas notas sobre conscientização[85]

O próprio título que o Departamento de Educação do Conselho Mundial de Igrejas deu a este seminário: *An Invitation to Conscientization and Deschooling — A Continuing Conversation*, o define como um encontro informal e simples. Na verdade, aqui estamos para retomar um diálogo há muito tempo começado. Com alguns, diretamente; com outros, indiretamente. Em qualquer dos casos, através da mediação de nossos escritos. Mas, na medida mesma em que este é um encontro dialógico, a simplicidade e a espontaneidade que o devem caracterizar não podem converter-se, a primeira, em simplismo, a segunda, em espontaneísmo. Dialogar não é um perguntar a esmo — um perguntar por perguntar, um responder por responder, um contentar-se por tocar a periferia, apenas, do objeto de nossa curiosidade, ou um quefazer sem programa.

A relação dialógica é o selo do ato cognoscitivo, em que o objeto cognoscível, mediatizando os sujeitos cognoscentes, se entrega a seu desvelamento crítico.

A importância de uma tal compreensão da relação dialógica se faz clara na medida em que tomamos o ciclo gnosiológico como uma totalidade, sem dicotomizar nele a fase da aquisição do conhecimento existente da fase da descoberta, da criação do novo conhecimento.

---

[85] Este texto foi publicado por *RISK*, W.C.C., Genebra, 1975.

Esta "corresponde, aliás, como salienta o prof. Álvaro Vieira Pinto, à mais elevada das funções do pensamento — a atividade heurística da consciência".[86]

Em ambas estas fases do ciclo gnosiológico se impõe uma postura crítica, curiosa, aos sujeitos cognoscentes, em face do objeto de seu conhecimento. Postura crítica que é negada toda vez que, rompendo-se a relação dialógica, se instaura um processo de pura transferência de conhecimento, em que conhecer deixa de ser um ato criador e recriador para ser um ato "digestivo".

An invitation to conscientization and deschooling — palavras que, independentemente do desejo de Ivan Illich e meu, se converteram em palavras mágicas ou quase mágicas — nos reúne hoje precisamente para que, tomando-as como objetos de nossa curiosidade crítica, analisemos, tanto quanto possível, a sua real significação.

Neste esforço analítico, para o qual somos todos chamados, há, porém, tarefas específicas que, constituindo-se como ponto de partida de nossa reflexão comum, devem ser cumpridas por alguns de nós. Por Ivan Illich, por Henrich Dauber, por Michael Huberman, por mim.

A mim me cabe, nesta jornada em que o tempo disponível não corresponde à extensão da tarefa que nos impomos, iniciar este processo. E, para fazê-lo, devo tomar distância do objeto de minha reflexão — o processo de conscientização — e começar a indagar-me em torno dele. Parece-me que a primeira preocupação neste perguntar-me que é, em parte, um reperguntar-me, se deve

---

[86] Álvaro Vieira Pinto, *Ciência e existência*. Rio de Janeiro: Paz e Terra, 1977, 2ª ed., p. 363.

centrar na palavra mesma conscientização, cuja origem é consciência. A compreensão do processo de conscientização e sua prática se encontra, portanto, em ligação direta com a compreensão que se tenha da consciência em suas relações com o mundo.[87]

Se me ponho numa posição idealista, dicotomizando consciência e realidade, submeto esta àquela, como se a realidade fosse constituída pela consciência. Assim, a transformação da realidade se dá pela transformação da consciência. Se me ponho numa posição mecanicista, dicotomizando igualmente consciência e realidade, tomo a consciência como um espelho que apenas reflete a realidade. Em ambos os casos, nego a conscientização que só existe quando não apenas reconheço mas experimento a dialeticidade entre objetividade e subjetividade, realidade e consciência, prática e teoria.

Toda consciência é sempre consciência de algo, a que se intenciona.

A consciência de si dos seres humanos implica a consciência das coisas, da realidade concreta em que se acham como seres históricos e que eles aprendem através de sua habilidade cognoscitiva.

O conhecimento da realidade é indispensável ao desenvolvimento da consciência de si e este ao aumento daquele conhecimento. Mas o ato de conhecer que, se autêntico, demanda sempre o desvelamento de seu objeto, não se dá na dicotomia antes referida, entre objetividade e subjetividade, ação e reflexão, prática e teoria.

---

[87] Cf. a este propósito, neste volume, "Conscientização e libertação, uma conversa com Paulo Freire".

Daí se faça importante, na prática do desvelamento da realidade social, no processo conscientizador, que a realidade seja apreendida não como algo *que* é, mas como *devenir*, como algo *que está sendo*. Mas se está sendo, no jogo da permanência e da mudança, e se não é ela o agente de tal jogo, é que este resulta da prática de seres humanos sobre ela.

Impõe-se, então, discernir a razão de ser desta prática — as finalidades, os objetivos, os métodos, os interesses dos que a comandam; a quem serve, a quem desserve, com o que se percebe, afinal, que esta é apenas uma *certa prática*, mas não a prática, tomada como destino dado. Desta maneira, na prática teórica, desveladora da realidade social, a apreensão desta implica a sua compreensão como realidade sofrendo sempre uma certa prática dos seres humanos. Sua transformação, qualquer que seja ela, não pode verificar-se a não ser pela prática também.

Agora bem, se não há conscientização sem desvelamento da realidade objetiva, enquanto objeto de conhecimento dos sujeitos envolvidos em seu processo, tal desvelamento, mesmo que dele decorra uma nova percepção da realidade desnudando-se, não basta ainda para autenticar a conscientização. Assim como o ciclo gnosiológico não termina na etapa da aquisição do conhecimento existente, pois que se prolonga até a fase da criação do novo conhecimento, a conscientização não pode parar na etapa do desvelamento da realidade. A sua autenticidade se dá quando a prática do desvelamento da realidade constitui uma unidade dinâmica e dialética com a prática da transformação da realidade.

Creio que algumas observações podem e devem ser feitas a partir destas reflexões. Uma delas é a crítica que a mim mesmo me faço pelo fato de, em *Educação como prática da liberdade*, ao considerar o processo de conscientização, ter tomado o momento do desvelamento da realidade social como se fosse uma espécie de motivador psicológico de sua transformação. O meu equívoco não estava, obviamente, em reconhecer a fundamental importância do conhecimento da realidade no processo de sua transformação. O meu equívoco consistiu em não ter tomado estes polos — conhecimento da realidade e transformação da realidade — em sua dialeticidade. Era como se desvelar a realidade já significasse a sua transformação. Diga-se de passagem que, em *Pedagogia do oprimido* e em *Cultural Action for Freedom*, já não é esta a posição que tomo em face do problema da conscientização. A práxis que medeia estes dois livros daquele me ensinou a ver o que antes não me havia sido possível ver. Mas é sobretudo em textos mais novos — entrevistas ou pequenos ensaios como *Education, Liberation and the Church* —, que resultam de minha experiência mais recente, que a abordagem deste problema toma uma feição distinta da que se encontra em *Educação como prática da liberdade*.

O mesmo equívoco em que caí, no começo de minhas atividades, venho surpreendendo, na minha experiência atual, às vezes mais acentuado, em pedagogos que não veem as dimensões e implicações políticas de sua prática pedagógica. Daí que falem em uma "conscientização estritamente pedagógica", diferente daquela a ser desenvolvida por políticos. Uma conscientização que se daria na intimidade de seus seminários, mais ou menos asséptica, que não teria nada que ver com nenhum compromisso de ordem política.

Uma tal separação entre educação e política, ingênua ou astutamente feita, enfatizemos, não apenas é irreal, mas perigosa. Pensar a educação independentemente do poder que a constitui, desgarrá-la da realidade concreta em que se forja, nos leva a uma das seguintes consequências. De um lado, reduzi-la a um mundo de valores e ideais abstratos, que o pedagogo constrói no interior de sua consciência, sem sequer perceber os condicionamentos que o fazem pensar assim; de outro, convertê-la num repertório de técnicas comportamentais. Ou ainda, tomar a educação como alavanca da transformação da realidade.

Na verdade, porém, não é a educação que forma a sociedade de uma certa maneira, mas a sociedade que, formando-se de uma certa maneira, constitui a educação de acordo com os valores que a norteiam. Mas, como este não é um processo mecânico, a sociedade que estrutura a educação em função dos interesses de quem tem o poder, passa a ter nela um fator fundamental para sua preservação.

A concepção da educação como alavanca da transformação da realidade resulta, em parte, da apreensão incompleta do ciclo acima referido. Funda-se no segundo momento do ciclo, o em que a educação funciona como instrumento de preservação. É como se os defensores de tal concepção dissessem: "Se a educação mantém é porque pode transformar o que mantém." Esquecem-se de que o poder que a cria para que ela o mantenha não a permite trabalhar contra ele. Por isso é que a transformação radical e profunda da educação, como sistema, só se dá — e mesmo assim não de forma automática e mecânica — quando a sociedade é transformada radicalmente também.

Isto não significa, porém, que o educador que deseja, e mais do que deseja, se compromete com a transformação radical ou revolucionária de sua sociedade, não tenha o que fazer. Tem muito o que fazer, sem que haja fórmulas prescritivas para seu quefazer, pois que deve descobri-lo e descobrir como fazê-lo nas condições concretas históricas em que se acha.

É preciso, porém, que reconheça, lucidamente, suas limitações e, aceitando-as com humildade, evite cair, de um lado, num pessimismo aniquilante, de outro, num oportunismo cínico.

O fato, por exemplo, de que determinadas circunstâncias históricas em que se encontra o educador não lhe permitam participar, mais ativamente, deste ou daquele aspecto constitutivo do processo de transformação revolucionária de sua sociedade, não invalida um esforço menor, em que esteja engajado, desde que este seja o esforço que lhe é historicamente viável.

Em história se faz o que historicamente é possível e não o que se gostaria de fazer.

Daí a necessidade da compreensão cada vez mais lúcida de sua tarefa, que é política, das limitações que tem, para que possa enfrentar, tanto quanto possível, exitosamente, aquela oscilação referida, entre a tentação do pessimismo e a do oportunismo.

Este é sempre um momento existencial difícil. Muitas vezes, é exatamente quando o experimenta que o educador ouve falar da conscientização. Por motivos diversos, entre eles a própria falta de clareza com relação à sua tarefa, aproxima-se da conscientização como quem continua *ouvindo falar* dela e não como quem *se apropria* de sua significação exata. Desta forma, magiciza o processo de conscientização, emprestando-lhe poderes que realmente não tem.

Cedo ou tarde, porém, o feitiço se desfaz, desfazendo também a esperança ingênua que o alimentou. Alguns, entre esses educadores, frustrados com os resultados de sua própria magia, em lugar de negá-la, negam o papel mesmo da subjetividade na transformação da realidade, passando assim a engrossar as fileiras dos mecanicistas.

No fundo, contudo, a experiência me vem ensinando quão difícil é fazer a travessia pelo domínio da subjetividade e da objetividade, em última análise, estar no mundo e com o mundo, sem cair na tentação de absolutizar uma ou outra. Quão difícil é, realmente, apreendê-las em sua dialeticidade.

Por tudo isso é que um dos focos — talvez o preponderante — de minha atenção, nestes quatro anos em que, trabalhando para o Conselho Mundial de Igrejas me tornei uma espécie de "andarilho do óbvio", venha sendo o da desmitificação da conscientização.

Nesta andarilhagem, venho aprendendo também quão importante se faz tomar o óbvio como objeto de nossa reflexão crítica e, adentrando-nos nele, descobrir que ele não é, às vezes, tão óbvio quanto parece.

Daí a ênfase que dou — e com que não raro percebo que frustro a certos auditórios — não propriamente à análise de métodos e técnicas em si mesmos, mas ao caráter político da educação, de que decorre a impossibilidade de sua neutralidade.

Se me convenço de uma tal impossibilidade, não apenas por ouvir falar dela, mas por constatá-la na minha própria experiência, percebo então a relação entre métodos e finalidades, no fundo, a mesma que há entre tática e estratégia. Desta forma, em lugar de ingenuamente absolutizar os métodos, os entendo a serviço de finalidades, na busca de cuja realização eles se fazem e se refazem.

Talvez seja esta mitificação de métodos e de técnicas — estou apenas pensando alto — e a redução da conscientização a certos métodos e técnicas usados na América Latina, no campo da alfabetização de adultos, que expliquem, em parte pelo menos, afirmações que sempre escuto. Afirmações segundo as quais a conscientização aparece como uma espécie de exotismo tropical, como algo que fosse especificamente terceiro mundista.

Fala-se assim da conscientização como um quefazer inviável em "sociedades complexas", como se o Terceiro Mundo não fosse, também ele, embora a seu modo, complexo.

Sem querer voltar aqui a análises feitas em trabalhos anteriores sobre a presença de um Terceiro Mundo no corpo do Primeiro e a de um Primeiro na intimidade do Terceiro, gostaria simplesmente de sublinhar que o processo de conscientização não é privilégio do Terceiro Mundo, pois que é fenômeno humano.

Enquanto corpos conscientes, em relação dialética com a realidade objetiva sobre que atuam, os seres humanos estão envolvidos em um permanente processo de conscientização. O que varia, no tempo e no espaço, são os conteúdos, os métodos, os objetivos da conscientização. Sua fonte original se encontra no momento remoto que Chardin chama de "Hominização", a partir do qual os seres humanos se fazem capazes de desvelar a realidade sobre que atuam, de conhecê-la e de saber que conhecem.

O problema que se põe, portanto, não é o da viabilidade ou não da conscientização em sociedades ditas complexas, mas o da indesejabilidade, o da recusa à transplantação do que se fez, de forma diferente, em diferentes áreas da América Latina, para outro espaço histórico, sem o devido respeito por ele. Não importa que esse outro espaço histórico seja do Terceiro Mundo também. E como um homem do Terceiro Mundo, eu bem sei o que representa o poder ideologicamente alienador dos transplantes a serviço da dominação. Não seria eu, que contra eles sempre estive, que hoje os defenderia.

Mas, além da indesejabilidade dos transplantes, há outra indesejabilidade, a da burocratização da conscientização. Sua institucionalização que, esvaziando-a de seu dinamismo, esclerosando-a, termina por transformá-la numa espécie de arco-íris de receitas — outra forma de mitificá-la.

Termino aqui esta retomada, que sei demasiado incompleta, de tema a que, bem ou mal, me dedico há bastante tempo. Mas, mesmo incompleta, creio que seja suficiente para cumprir o seu principal fim: provocar comentários e suscitar questões com que se ampliará.

Ao fazê-lo, direi apenas que o aprendizado que venho tendo nesta Casa e a partir dela, em nada diminuiu as convicções básicas com as quais iniciei, bem jovem ainda, as primeiras experiências em meu país. Convicções de um cristão em permanente estado de busca. Pelo contrário, este aprendizado as reforçou. E as reforçou sobretudo quando me ajudou a superar a visão mais ingênua pela visão mais crítica de certos problemas, em face do desafio que novas realidades humanas me provocaram.

1974

Títulos de Paulo Freire editados pela Paz e Terra

À sombra desta mangueira
Ação cultural para a liberdade — e outros escritos
A África ensinando a gente — Angola, Guiné-Bissau, São Tomé e Príncipe (Paulo Freire e Sérgio Guimarães)
Alfabetização: leitura do mundo, leitura da palavra (Paulo Freire e Donaldo Macedo)
Aprendendo com a própria história (Paulo Freire e Sérgio Guimarães)
Cartas a Cristina — reflexões sobre minha vida e minha práxis
Cartas à Guiné-Bissau — registros de uma experiência em processo
Dialogando com a própria história (Paulo Freire e Sérgio Guimarães)
Educação como prática da liberdade
Educação e mudança
Educar com a mídia — novos diálogos sobre educação (Paulo Freire e Sérgio Guimarães)
Extensão ou comunicação?
Lições de casa — últimos diálogos sobre educação (Paulo Freire e Sérgio Guimarães) (título anterior: *Sobre educação*: Lições de casa)
Medo e ousadia — o cotidiano do professor (Paulo Freire e Ira Shor)
Nós dois (Paulo Freire e Nita Freire)
Partir da Infância — diálogos sobre educação (Paulo Freire e Sérgio Guimarães)
Pedagogia da autonomia — saberes necessários à prática educativa

Pedagogia da esperança — um reencontro com a Pedagogia do Oprimido

Pedagogia da indignação — cartas pedagógicas e outros escritos

Pedagogia da libertação em Paulo Freire (Nita Freire, et al.)

Pedagogia da solidariedade (Paulo Freire, Nita Freire e Walter Ferreira de Oliveira)

Pedagogia da tolerância

Pedagogia do compromisso — América Latina e Educação Popular

Pedagogia do oprimido

Pedagogia dos sonhos possíveis

Política e educação

Por uma pedagogia da pergunta (Paulo Freire e Antonio Faundez)

Professora, sim; tia, não

Sobre educação vol. 2 (Paulo Freire e Sérgio Guimarães)

Este livro foi composto na tipografia Dante MT Std, em corpo 12/15, e impresso em papel off-white no Sistema Cameron da Divisão Gráfica da Distribuidora Record.